D1640753

Fußball-Coaching
DIE 100 PRINZIPIEN

FRANK THÖMMES

Fußball-Coaching

DIE 100 PRINZIPIEN

Handbuch für Trainer
und Übungsleiter

Frank Thömmes, Jahrgang 1968, ist Diplomsportlehrer und DFB Fußballlehrer. Schon während seiner 15-jährigen aktiven Spielerkarriere, in der er bis auf die beiden Profiligen in annähernd jeder Amateurspielklasse zum Einsatz kam, schlug er die Trainerlaufbahn ein. Diese führte ihn vom Leiter des Nachwuchsleistungszentrums des 1. FC Nürnberg und Trainer der U19-Junioren-Bundesligamannschaft bis zum Trainerposten beim Fußball-Drittligisten Wacker Burghausen. Etliche Bundesligaspieler wie Stefan Kießling (Bayer Leverkusen), Philipp Tschauner (1860 München), Dominik Reinhardt (FC Augsburg) und Chhunly Pagenburg (Rot-Weiß Erfurt) wurden von ihm ausgebildet. Als Trainer und Lehrer in Leistungssportsportschulen mit Schwerpunkt Fußball war er an der Entwicklung einer Vielzahl weiterer Bundesligaspieler beteiligt.

Impressum

Produktion:
VerlagsService Dr. Helmut Neuberger
& Karl Schaumann GmbH, Heimstetten

Umschlaggestaltung: Stiebner Verlag

Lektorat: Karl-Heinz Smuda

Abbildung Umschlag: Juba/Fotolia.com

Abbildungen Innenteil:
SVEN SIMON, Archiv des Autors

Bibliografische Information der
Deutschen Nationalbibliothek
Die Deutsche Nationalbibliothek verzeichnet diese Publikation in der Deutschen Nationalbibliografie; detaillierte bibliografische Daten sind im Internet über http://dnb.d-nb.de abrufbar.

Die Ratschläge in diesem Werk sind von den Autoren sorgfältig erwogen und geprüft worden. Für die Richtigkeit der Angaben kann jedoch keine Haftung vom Autor bzw. Verlag und deren Beauftragten übernommen werden.

1. Auflage 2011

© 2011 Copress Verlag
in der Stiebner Verlag GmbH, München
Alle Rechte vorbehalten.
Wiedergabe, auch auszugsweise,
nur mit ausdrücklicher Genehmigung des Verlags.
Gesamtherstellung: Stiebner, München
Printed in Hungary

ISBN 978-3-7679-1042-3

www.copress.de

Inhalt

Zu diesem Buch ... 7

Gesellschaft/Kultur/Soziales

1. Vorbild ... 8
2. Medien ... 10
3. Merchandising ... 12
4. Integration ... 14
5. Fair Play ... 16
6. Fans ... 18
7. Hooligans ... 20
8. Ultrabewegung ... 22
9. Doping ... 24
10. Krise ... 26
11. Public Viewing ... 28
12. Talent ... 30
13. Kommunikation ... 32
14. Konflikt ... 34

Psychologie

15. Emotion ... 36
16. Spaß ... 38
17. Motivation ... 40
18. Bedürfnisse ... 42
19. Selbstvertrauen ... 44
20. Angst ... 46
21. Aggression ... 48
22. Frustration ... 50
23. Hierarchie ... 52
24. Verantwortung ... 54
25. Konzentration ... 56
26. Organisation ... 58
27. Ziel ... 60
28. Respekt ... 62
29. Vertrauen ... 64
30. Moral ... 66
31. Integrität ... 68

Historisches/Weisheiten/Meisterlehren

32. Abstiegsgespenst ... 70
33. Elf Freunde müsst ihr sein ... 72
34. Wunder von Bern ... 74
35. Rituale – Aberglaube ... 76
36. Torwarte und Linksaußen ... 78
37. Kick and Rush ... 80
38. Der Ball ist rund ... 82
39. Zufall, Glück und Pech ... 84
40. Heimvorteil ... 86
41. Favorit – Außenseiter ... 88

Training

42. Trainingsplanung ... 90
43. Methodik ... 92
44. Didaktik ... 94
45. Technik ... 96
46. Taktik ... 98

47	Kondition	100
48	Kraft	102
49	Plyometrie	104
50	Schnelligkeit	106
51	Ausdauer	108
52	Koordination	110
53	Koordinative Fähigkeiten	112
54	Beweglichkeit	114
55	Aufwärmen	116
56	Stretching	118
57	Funktionelles Training (Functional Training)	120
58	Zweikampf	122
59	Beidfüßigkeit	124
60	Crosstraining	126
61	Life Kinetik	128
62	Differenzielles Lernen	130

Trainer

63	Trainer	132
64	Co-Trainer	134
65	Trainerentlassung	136
66	Mannschaftskapitän	138
67	Teambuilding	140
68	Kritik	142
69	Ansprache	144
70	Führungsstil	146
71	Krisenmanagement	148

Wettkampf

72	System	150
73	Pressing	152
74	Zeit	154
75	Raum	156
76	Statistik	158
77	Disziplin	160
78	Spielregeln	162
79	Schiedsrichter	164
80	Konter	166
81	Abseits	168
82	Zeitschinden	170
83	Foulspiel	172
84	Ballbesitz	174
85	Breite und Tiefe	176

Gesundheit

86	Gesundheit	178
87	Krankheit	180
88	Überlastung	182
89	Open Window-Phänomen	184
90	Immunsystem	186
91	Stress	188
92	Regeneration	190
93	Entspannung	192
94	Sportverletzung	194
95	Ernährung	196
96	Nahrungsergänzung	198
97	Trinken	200
98	Physiotherapie	202
99	Prävention	204
100	Rehabilitation	206

Zu diesem Buch

Den Job eines Trainers kann man bekommen, auch wenn man dafür gar nicht ausgebildet wurde. Ein guter Trainer ist auch nicht unbedingt der, der die beste Ausbildung hat. Erfahrung, Persönlichkeit und das richtige Abwägen von Informationen und den richtigen Schlüssen daraus, sind neben einer Ausbildung elementare Qualitäten eines Trainers. Ob im Kinder- und Jugend-, Amateur- oder Profi-Fußball: Wer ein erfolgreicher Coach sein will, benötigt ein breites Knowhow, dass von trainingswissenschaftlichen Kenntnissen über Fußballfachwissen und psychologischen Kompetenzen bis hin zu organisatorischen Fähigkeiten reicht.

Ausgestattet mit informativen Abbildungen und einem nützlichen Verweissystem erläutert dieser Band die wichtigsten Prinzipien, entlarvt manchen Mythos und geht einigen Fußballweisheiten auf den Grund. »Fußball-Coaching – Die 100 Prinzipien« ist ein praxisnaher Ratgeber, der Expertenwissen auf nutzbringende und unterhaltsame Weise präsentiert: Eine Pflichtlektüre für Fußballtrainer und -übungsleiter, die jedem Coach helfen kann, sein Training und seine Arbeit im Fußball zu verbessern.

Viel Spaß beim Training

Frank Thömmes,
im Frühjahr 2011

1 Vorbild

Fußball bietet viele Möglichkeiten, um Vorbilder zu finden.

Ein Traum wird wahr: Ein Jugendspieler darf mit seinem Vorbild zusammen einlaufen.

Als »Vorbild« wird eine Person bezeichnet, mit der sich meist junge Menschen gern identifizieren und häufig versuchen, das Verhalten von Vorbildern nachzuahmen. Umgangssprachlich sind diese Vorbilder meist keine Personen, die dem Bewunderer persönlich nahestehen, sondern eher symbolhafte Personen mit hohem Ansehen beziehungsweise hoher Popularität. Zu ihnen gehören prominente Fußballer, Schauspieler oder Musiker. Soziologisch und psychologisch interessieren eher die Vorbilder innerhalb einer sozialen Gruppe, die dem Bewunderer nahe stehen oder persönlich bekannt sind und deren Verhalten bewusst oder unbewusst imitiert wird.

Der moderne, durch die Medien allgegenwärtig dargestellte Fußballkult schafft Helden und Vorbilder. Ob und wie die dargestellten Spieler dazu geeignet und willens sind, als Vorbilder zu agieren, bleibt fraglich.

Im Fußball hat das Vorbild mehrfach Bedeutung. Für viele jugendliche Nachwuchsspielerinnen und -spieler haben die nationalen und internationalen Fußballstars eine hohe Relevanz, und deren Trikots werden mit Begeisterung getragen. Hier konkurrieren vor allem die großen Sportartikelhersteller um die Gunst der Käufer.

Neben diesen »Stars« sind Juniorentrainer für Kinder von zentraler Bedeutung. Untersuchungen belegen, dass der Jugendtrainer eine wichtige Bezugsperson für den jugendlichen Kicker ist, die bei Problemen außerhalb des Fußballs zurate gezogen wird und dessen Meinung wichtig ist. Ein vorbildlicher Spielführer hat abstrahlende Wirkungen auf seine Mitspieler: Für den Teamsport ist das eine nicht zu vernachlässigende Leistungskomponente.

Viele Trainer und Spieler sind sich dieser Wirkung nicht bewusst und sollten ihr Auftreten hinterfragen, da ihr Verhalten vom Jugendlichen unreflektiert als gut imitiert wird. Der Deutsche Fußball-Bund und seine Landesverbände unterstützen die positive Wirkung von fußballerischen Vorbildern mit vielen Aktionen im und um den Fußballsport. So können Vorbilder außerhalb des Fußballplatzes Nachahmenswertes unternehmen.

VERWEISE:
→ Medien **(2)**
→ Merchandising **(3)**
→ Fair Play **(5)**
→ Integration **(4)**

2 Medien

Die Entwicklung der Medien beeinflusst den professionellen Fußball maßgeblich.

Der Begriff der »Medien« ist ein Sammelbegriff für Kommunikationsmittel und -formen, die über Schrift, Bild und Ton Informationen vermitteln, vervielfältigen und an unterschiedlich viele Empfänger verbreiten. Klassische Medien sind alle Druckerzeugnisse, Radio und TV. Seit einigen Jahren nimmt das Internet hier eine neue Medienform ein, die Netzwerke aufbaut. Die Medien nehmen die Schnittstelle zwischen dem Fußball, der Wirtschaft und dem Publikum ein.

Erst durch den verstärkten Einsatz der Medien ist Fußball zu einem großen Wirtschaftsfaktor und für die Werbeindustrie interessant geworden. Dadurch ist der wirtschaftliche Aufschwung einiger Vereine und Verbände zu erklären. Die medienwirksame Vermarktung der Weltmeisterschaften im Fußball hat die FIFA zu einem der reichsten Sportverbände der Welt gemacht. Vor allem durch die weltweite Medienvermarktung der Fußballweltmeisterschaften hat die FIFA international tätige Konzerne als Sponsoren angelockt.

Ein wichtiger Wirtschaftsfaktor in jedem Land, in dem Fußball professionell gespielt wird, ist der Erlös durch Fernsehgelder, die der jeweilige Ligaverband größtenteils an die Vereine ausschüttet. Bei vielen wirtschaftlich nicht erfolgreichen Vereinen wird mit diesem Geld ein Großteil des Jahresetats gedeckt. Der sportliche Abstieg bedeutet immer große wirtschaftliche Einbußen, weil die Einnahmen aus Fernsehgeldern stark sinken.

In einigen europäischen Ländern wie England und Spanien werden höhere Summen an Fernsehgeldern ausgeschüttet als in Deutschland. Indirekt haben die Medien großen Einfluss auf die Wettbewerbsfähigkeit von Teams innerhalb der Ligen oder im europäischen Vergleich. Damit können durch die Medien internationale Märkte für europäische Vereine vor allem im Merchandising erschlossen werden.

Ebenso ist das Wetten auf Spielergebnisse und Ereignisse erst durch die Medien in diesem großen Umfang möglich geworden. Eine weitere Manipulationsquelle ist erschlossen worden. Mehrere Wettskandale mit der Beeinflussung von Spielern und Schiedsrichtern sind bekannt geworden. Der Einsatz der Medien hat also negative Folgen für den Fußball.

Die Medien im Fußball selbst sind weit verbreitet. Vom Printklassiker »kicker sportmagazin« bis hin zu iPhone-Apps für Trainerwissen findet sich alles, und die Entwicklung vor allem der Neuen Medien schreitet zügig voran. Schlussendlich werden durch den Einsatz der Medien ausgewählte Topspieler für die Werbeindustrie zu omnipräsenten Idolen erhoben. Positiv ist anzumerken, dass soziale Aspekte wie die Vorbildfunktion oder das Fair Play durch die Medien bekannt gemacht werden. Der heutige kommerzialisierte Fußball wäre ohne die Akzeptanz der Medien nicht möglich, und die Verbindung zwischen Fußball und Medien wird den Fußball zukünftig maßgeblich prägen.

VERWEISE:
→ Merchandising **(3)**
→ Vorbild **(1)**

3 Merchandising

Der Verkauf und die Vermarktung von Lizenzprodukten sind wichtige Einnahmequellen für Fußballvereine.

Trikots mit Namen und Nummern sind die beliebtesten Einkäufe der Fans.

Mit dem englischen Begriff »Merchandising« werden alle Maßnahmen zusammengefasst, die der Absatz- und Verkaufsförderung dienen. Vor allem Traditionsvereine mit einer großen Fangemeinde erzielen hohe Umsätze und weisen im Jahresvergleich häufig zweistellige prozentuale Zuwachsraten auf. Durch diese Einnahmen werden bis zu 15 Prozent der Gesamteinnahmen eines Klubs generiert. Hauptartikel ist das aktuelle Trikot, von dem es in jeder Saison neue Versionen für Heim- und Auswärtsspiele und manchmal eine dritte für die europäischen Wettbewerbe gibt. Die Trikotumsätze sind meist für die Hälfte der Merchandising-Umsätze verantwortlich. Die Umsätze steigen in einer Saison mit dem sportlichen Erfolg.

Selbst im fernen Asien trifft man nicht selten auf jugendliche Spieler mit häufig gefälschten Trikots, beispielsweise des FC Bayern. Noch beliebter sind Trikots englischer Teams wie Manchester United aus Liverpool oder von Arsenal London. Die englischen Vereine bei der weltweiten Vermarktung führend. Nicht ohne Grund unternimmt der FC Bayern München fast jährlich Reisen nach Asien oder in die Vereinigten Arabischen Emirate, um die eigene Marke international zu platzieren und um durch Merchandising höhere Erlöse zu erzielen. Deutschland befindet sich nach England und Spanien an der dritten Stelle der europäischen Rangliste – gemessen am Merchandising-Umsatz.

Ein nicht unerheblicher Anteil der Transfersumme, die Real Madrid an Manchester United in der Saison 2009/10 für Cristiano Ronaldo überweisen musste, konnte über den Verkauf von Real-Trikots mit seinem Namen refinanziert werden. Die Trikots werden individueller im Design und erhalten einen hohen Status als Sammelobjekte. Für seltene Trikots werden von einigen Sammlern hohe Summen gezahlt.

Jeder professionell geführte Verein hat Merchandising-Artikel und vertreibt diese gewöhnlich vor Ort über einen Fanshop beziehungsweise online über die Vereinswebsite.

VERWEISE:
→ Medien **(2)**
→ Fans **(6)**
→ Kommunikation **(13)**

Integration

Fußball besitzt eine herausragende Bedeutung für die Integration in Deutschland.

Mit »Integration« wird ein Vorgang bezeichnet, bei dem es um die Herstellung oder Wiederherstellung des Ganzen geht, das vorher aus mehreren Teilen bestand. Dieses Ganze kann ein Land, ein Verband, ein Verein, ein Kader, ein Team oder ein Mannschaftsteil sein.

Für den Fußball in Deutschland ist die Integration wichtiger Bestandteil und Inhalt vieler Initiativen von Verbänden, da Deutschland de facto seit Langem ein Einwanderungsland ist. In den letzten zehn Jahren haben in Deutschland rund 2,5 Millionen Spätaussiedler eine neue Heimat gefunden. Zum jetzigen Zeitpunkt leben 7,5 Millionen Ausländer in Deutschland. In den nächsten 20 Jahren werden Prognosen zufolge weitere acht Millionen Ausländer hinzukommen. Es gilt, sich dieser großen Herausforderung als Gesellschaft mit vielfältigen Integrationskonzepten auf allen gesellschaftlichen Ebenen zu stellen. In Deutschland ist im Bereich des Sports vor allem der Fußball wegen seiner weiten Verbreitung und seiner Mitgliederstärke als Integrationsmedium gefragt.

Integration muss sich in erster Linie in den Bereichen des Wohnens und des Arbeitens vollziehen. Parallel dazu muss die Integration auch in den Bereichen Freizeit und Familie stattfinden. Gerade hier kann der Bereich des Sports, also der Bewegung mit Spiel, Spaß und Freude, einen ungemein hohen Beitrag leisten. Der Sport bietet vor allem für ausländische Kinder und Jugendliche weitreichende individuelle Chancen und soziale Möglichkeiten. Dieser im Kleinen häufig als negativ angesehener Aspekt spielt für die Integration in unsere Gesellschaft eine herausragende Rolle und sollte von jedem Trainer und Übungsleiter unterstützt werden.

Die integrative Leistung, die gemeinsames Sporttreiben und gemeinsames Fußballspielen mit sich bringt, bezieht sich vor allem auf das gemeinsame Erleben, Erfahren und Verstehen von sich selbst und des anderen.

Durch die Arbeit in den Vereinen wird ein wichtiger gesellschaftlicher Beitrag zur Reduktion von Sprachproblemen, kultureller Vorbehalte und zur Prävention von Gewalt und Aggression geleistet. Gemeinsame persönliche Erlebnisse und Erfolge prägen Jugendliche entscheidend.

Ein aktuelles Beispiel für die gelungene Integration im Sport ist aus der deutschen Sicht die Fußballweltmeisterschaft 2010 in Südafrika. In der deutschen Fußballnationalmannschaft standen im Juni und Juli 2010 mehrere Spieler, deren Eltern über einen Migrationshintergrund verfügen. Die mittlerweile in Deutschland geborene »Zweite Generation« besitzt den deutschen Pass und personifiziert die gelungene Integration durch den Sport. Sie trägt überdies dazu bei, Deutschland sportlich wettbewerbsfähiger zu machen. Einige der Spieler sind im Bereich der Werbung präsent, was ihre Vorbildfunktion und Integrationskraft weiter stärken kann.

Integration wird im Sport vor allem dort schwierig, wo Gruppen andere Werthaltungen vertreten oder als Sondergruppen ausgeschlossen sind. Im Fußball wäre der Iran ein Beispiel dafür, dass dessen Integration in die internationale Fußballgemeinschaft noch nicht gelungen ist.

VERWEISE:
→ Vorbild **(1)**
→ Aggression **(21)**
→ Respekt **(28)**
→ Talent **(12)**

5 Fair Play

Ohne Fair Play verliert der Fußball seinen erzieherischen Wert.

Faires Verhalten im Fußball zeugt von Respekt der Spieler untereinander.

»Fair Play«, auch Fairness genannt, kennzeichnet das sportliche Verhalten im sozialen Miteinander. Es geht nicht nur um die Beachtung der Regeln, für die der Schiedsrichter sorgt, sondern um den Respekt vor der Leistung und das Verhalten des Gegners, welche sich in der Wahrung der Gesundheit äußert. Das ist eine Haltung, die im Wettkampfsport wie dem Fußball, der durch Zweikämpfe, Fouls und Verletzungen gekennzeichnet ist, elementare Bedeutung für das Spiel hat. Fair Play schließt Kampf und Aggression nicht aus, achtet aber den Gegner. Fair Play ist das Verhalten eines Akteurs und eine individuelle Eigenschaft, die es zu fördern und zu entwickeln gilt. Vorbilder mit unfairem Verhalten erteilen ihrer Sportart einen Bärendienst.

Die Einnahme von Dopingmitteln ist beispielsweise ein elementarer Verstoß gegen die Idee des Fair Plays. An der Grenze des Fair Plays bewegt sich ein Fußballer hingegen bei einem taktischen Foul. Er überschreitet die Grenze, wenn er die gesundheitliche Schädigung des Gegenspielers bei einem Foul billigend in Kauf nimmt, um seinen eigenen Vorteil zu erlangen. Der Schiedsrichter unterliegt nicht dem Druck der Spieler, die sich häufig für den Erfolg im Spiel an der Grenze des Erlaubten bewegen. Extrem fatal für die Idee des Fair Plays sind Trainer oder Reporter, die unfaires Verhalten, durch das eventuell ein Tor verhindert werden kann, als clever bezeichnen oder Spieler, die die Fairness über den Erfolg stellen, als unprofessionell titulieren.

Vor allem im Jugendfußball und in den Medien sollte mit diesem Thema wesentlich seriöser umgegangen werden. Um dem entgegenzuwirken, gibt es mittlerweile Fair Play-Tabellen, und der FSV Mainz 05 ist im Jahr 2005 durch faires Verhalten in der Fußballbundesliga über die Fair Play-Wertung der UEFA zu einem Startplatz in einem europäischen Wettbewerb gekommen.

Die Deutsche Olympische Gesellschaft unterstützt die »Fair Play-Initiative im deutschen Sport«, um faires Verhalten zu mehr Akzeptanz zu verhelfen. Mit dem Motto »Fair geht vor« werben Prominente und Spitzensportler und nutzen ihre Vorbildfunktion positiv aus. Der Gedanke des Fair Plays, der aus dem Sport stammt, wird mittlerweile in anderen Lebensbereichen verwendet und fordert zu fairem Miteinander und Respekt auf.

VERWEISE:
→ Vorbild **(1)**
→ Aggression **(21)**
→ Prävention **(99)**

6 Fans

*Ein Fan verfolgt ausschließlich Ziele,
die dem Erfolg seines Vereins dienen.*

Mit dem englischen Wort »Fan« wird ein Mensch bezeichnet, der eine längerfristige, leidenschaftliche Beziehung zu einem Verein pflegt. Dafür investiert er häufig viel Geld und wendet viel Zeit auf, um die Beziehung zu erhalten und auszubauen. Er strebt danach, seinem Verein möglichst häufig so nah wie möglich zu sein. Fans sind meist in Fanklubs organisiert und können als Institution eine gewisse Macht ausüben. Im deutschen Sprachgebrauch sind die Bezeichnung Anhänger und Schlachtenbummler geläufig. Sie besuchen regelmäßig die Spiele ihres Vereins und unterstützen ihren Verein mit Anfeuerungsrufen. Häufig haben Fans dazu eigene Rituale entwickelt.

Nicht umsonst werden die Fans eines Vereins vor allem bei Heimspielen als »Zwölfter Mann« bezeichnet und tragen durch ihre Unterstützung dazu bei, das heimische Team stärker spielen zu lassen, was als Heimstärke interpretiert wird. Für diese Verehrung, die die Fans betreiben, hat sich umgangssprachlich der Begriff Fankult etabliert. Fans spielen eine wichtige Rolle im Merchandising, da sie der Hauptabnehmer der Devotionalien der Vereine sind und sich Jahreskarten für eine ganze Saison im Voraus sichern.

Ein Beispiel für eine ähnliche Fanbewegung ist die Entwicklung des Public Viewing, das sich seit der Fußball-WM 2006 in Deutschland etabliert hat. Tausende oder Hunderttausende schauen sich auf öffentlichen Plätzen gemeinsam Fußballspiele an. Fans unterschiedlicher Vereine hegen manchmal Freundschaften, sind meist gegeneinander ausgerichtet, da die unterstützten Vereine auf dem Feld ihre Interessen vertreten. Fans sind durch ihre Jacken, ihre Trikots und ihre Schals gut zu erkennen. Sie sind im Fanblock untergebracht, der traditionell keine Sitze, sondern Stehränge hat.

Der Schritt vom Fan zum Fanatiker ist oftmals nicht weit und kann in spezieller Ausprägung zum Hooligan oder der Ultrabewegung führen. Hier stößt die Fanbewegung eindeutig an die Grenzen der Akzeptanz durch die Vereine und die Gesellschaft, und besonders auffällige Fans werden mit Stadionverboten belegt.

VERWEISE:
→ Public Viewing **(11)**
→ Hooligans **(7)**
→ Ultrabewegung **(8)**

7 Hooligans

Hooligans nutzen den Fußball, um gewalttätig zu sein.

»Hooligans« sind Personen, die im Rahmen von Fußballspielen durch aggressives Verhalten auffallen. Oftmals sind sie fanatische Anhänger eines Vereins, zeigen dies mit ihrer Kleidung nicht wie die normalen Fans. Für Hooligans steht die gewalttätige Auseinandersetzung mit anderen Gruppen im Vordergrund. Das Fußballspiel bietet dazu den Anlass. Hooligans sind in größeren Gruppen ähnlich wie Fans organisiert und zeigen eine hohe Gewaltbereitschaft. Hooligans unterscheiden sich deutlich von normalen Fans und Ultras.

Das aus England stammende Phänomen beschreibt das Zelebrieren von Gewaltritualen und aggressiven Handlungen gegen verfeindete Gruppen. Hooligans sind organisiert und handeln nach eigener Aussage nach einem Ehrenkodex. In der Realität stellt sich dies mitunter anders dar. Hooligans stammen aus der Mitte der Gesellschaft. Von den Arbeitern bis zu den Akademikern ist alles vertreten. Durch die erhöhte Polizeipräsenz und das konsequente Vorgehen gegen Hooligans hat sich das Problem leicht aus den Stadien nach außen verlagert. Die Stadien werden mit Videokameras überwacht, und zivile Beamte observieren die Szene. Die große Anzahl der Stadionverbote trifft mitunter die Falschen, was in der Szene stark kritisiert wird. Trotzdem gelingt es den Hooligans immer wieder, sich vor allem anlässlich großer Turniere Massenschlägereien zu liefern, bei denen mehrere Hundertschaften Polizei in den Einsatz ziehen müssen.

Die Ursachen für Hooligans und deren Tun sind weitgehend unerforscht, und es liegen unterschiedliche Analysen vor. Vor allem in Deutschland scheint es sich um eine Gruppe gut ausgebildeter und sozial abgesicherter junger Männer zu handeln, die ihrem bürgerlichen Alltag entfliehen wollen und die Gewalt als eine Art Droge empfinden.

Die Soziologie erforscht diese Aspekte des sozialen Zusammenlebens der Menschen in Gemeinschaften und Gesellschaften. Sie fragt nach dem Sinn und den Strukturen des sozialen Handelns (Handlungstheorie) sowie nach regulierenden Werten und Normen. Ihre Untersuchungsobjekte sind die Gesellschaft als Ganzes ebenso wie ihre Teilbereiche: soziale Systeme, Institutionen, Organisationen und Gruppen. Als Teilbereich ist der der Hooligans zu verstehen, und es gibt dazu noch keine eindeutigen wissenschaftlichen Erkenntnisse.

VERWEISE:
→ Fans **(6)**
→ Ultrabewegung **(8)**
→ Aggression **(21)**
→ Frustration **(22)**

Ultrabewegung

Ultras sind organisierte Fangruppen mit großem Einfluss.

Die »Ultrabewegung« bezeichnet eine besondere Organisationsform von fanatischen Fußballanhängern. Die aus Italien stammende Bewegung von Fans, die ihre Mannschaften bestmöglich unterstützen möchte, ist in den Stadien besonders auffällig durch ihre mit Megafonen unterstützten Sprechgesänge und häufig ausgefallenen Choreografien. Sie handeln autonom und stehen der Kommerzialisierung und ihren Vereinen häufig kritisch gegenüber. Je nach Gruppengröße und Organisation üben sie Druck auf die Vereinsführung aus. So solidarisieren sich zum Beispiel alle Ultragruppen bei Fragen von Stadionverboten und anderen als Repressalien empfundenen Verboten mit den mutmaßlichen Tätern.

Die Abgrenzung zu Hooligans gelingt in der Praxis nicht eindeutig und nur auf theoretischer Ebene. Viele Ultras halten die gewalttätige Auseinandersetzung mit der Obrigkeit für legitim und sehen in der Polizei den direkten Kontrahenten. Bei den Ultras ist im Unterschied zu Hooligans eindeutig die Treue zum eigenen Verein und dem Fußballsport stärker ausgeprägt und Quelle des Handelns. Durch ihr optisch und akustisch starkes Auftreten im Stadion geraten Ultras manchmal in Konflikte mit Fangruppen des eigenen Vereins, was bei Ausschreitungen eine nachträgliche Differenzierung in Ultras, Fans oder Hooligans für die Gesetzeshüter schwer macht.

Für die Vereine sind die Ultras durch ihre Gruppengröße und ihren hohen Organisationsgrad durchaus ernst zu nehmende Partner, weil sie vor allem im Stadion für Atmosphäre sorgen, bei Versammlungen meinungsbildend sein können. In den drei deutschen Profiligen gibt es in fast jedem Verein Ultragruppen, die meist kontinuierlichen Zulauf haben. Kriterium für die Aufnahme vor allem junger Fans ist die unbedingte lokale Loyalität für den Verein.

Die Polizei differenziert die verschiedenen Fangruppen nicht nach ihrer Zugehörigkeit zu Fans, Hooligans oder Ultras, sondern nach ihrer Gewaltbereitschaft in »A-, B- oder C-Fans«, wobei »C-Fans« Hoo-

Ultras machen mit ihren Choreographien die Ränge zur Bühne um den Platz.

ligans sind. Die Ultrabewegung ist zwar im Fußball am stärksten vertreten und stark lokal geprägt, findet sich mittlerweile auch in anderen Sportarten.

VERWEISE:
→ Fans **(6)**
→ Heimvorteil **(40)**
→ Hooligans **(7)**

⑨ Doping

Die Grenze zwischen der erlaubten und unerlaubten Verabreichung von Präparaten ist klein.

Das Internationale Olympische Komitee definiert »Doping« als »die beabsichtigte oder unbeabsichtigte Verwendung von Substanzen aus verbotenen Wirkstoffgruppen und die Anwendung verbotener Methoden entsprechend der aktuellen Dopingliste«. Der Fußball wird im Bereich des professionellen Sports durch Dopingtests überprüft. Ausschlaggebend ist der nicht erlaubte Gebrauch von Substanzen, die auf der Dopingliste der WADA (World Anti Doping Agency) stehen.

Dopingmittel können zur Leistungssteigerung in jeglicher Form führen, abhängig von der Sportart und dem Leistungskriterium. Im Jahre 2009 wurden 32 000 Dopingproben bei Profifußballern genommen, von denen 0,3 Prozent positiv waren. Die Dunkelziffer liegt wahrscheinlich höher. Immer wieder werden die Stimmen von Akteuren wie Trainern oder Spielern laut, die von früheren Zeiten berichten, was früher an Dopingmitteln genommen wurde. Die Grenze zwischen Nahrungsergänzungsmitteln, Vitaminpräparaten oder Doping war wesentlich unklarer. Heute werden den Spielern eine Vielzahl von Präparaten verabreicht, die alle nicht auf der Dopingliste stehen oder mit medizinisch begründeten Ausnahmegenehmigungen verabreicht werden dürfen.

Doping ist vor allem im Breitensport ein Problem, da hier keine Tests durchgeführt werden. Fußball ist weniger betroffen als die rein ausdauerorientierten Sportarten wie Radfahren, Schwimmen und Skilanglauf. Vom Doping ist neben der ethischen Komponente des Fair Plays die Gesundheit betroffen, da die Langzeitwirkungen von Dopingpräparaten nicht erforscht sind und jeder Sportler ein hohes individuelles Risiko eingeht.

VERWEISE:
→ Fair Play **(5)**
→ Vorbild **(1)**
→ Gesundheit **(86)**
→ Konzentration **(25)**
→ Regeneration **(92)**

10 Krise

Krisen sind Chancen zur Verbesserung der Situation.

Eine »Krise« ist eine problematische, häufig mit einem Wendepunkt verknüpfte Entscheidungssituation mit einer massiven Störung des Systems. Im Fußball finden sportliche Krisen regelmäßig statt, und die meisten enden mit der Trainerentlassung. Die Steigerungsform einer Krise wäre die Katastrophe, was sich für einen Fußballverein häufig mit der Situation des Abstiegs oder der Insolvenz einstellt. Aktueller Anlass für eine Krise sind ausbleibende sportliche Erfolge und die verbundene, sich verschlechternde Tabellenplatzsituation.

Eine Krise ist häufig zeitlich begrenzt, geht im Fußball sehr zulasten des Trainers. In Krisensituationen fehlt es häufig an den entsprechenden Analysefähigkeiten der dahinterliegenden psychologischen Situation, die komplex sein kann. Trainerentlassungen bringen meist nicht den gewünschten Erfolg, sondern zeigen nur kurzfristige Wirkung.

Selten sind die ausschlaggebenden Gründe rein fußballspezifischer Natur. Es stecken psychologische Faktoren dahinter, die es verhindern, dass eine entsprechende Leistung abgeliefert werden kann. Oft liegen die Probleme im Bereich der Bedürfnisse der Spieler, die nicht ausreichend befriedigt werden.

Die charakteristischen Kennzeichen einer Krise sind die dringende Notwendigkeit von Entscheidungen, das Gefühl der Bedrohung. Dies geht meist einher mit einem Anstieg an Unsicherheit und dem Zeitdruck. Die Zukunft wird als bedrohlich empfunden. Wenn noch emotionale Komponenten wie Wut oder Verzweiflung aufkommen, ist die Trainerentlassung meist nicht mehr fern.

Im Fußball spielen hier die verschiedenen Parteien wie Spieler, Vereinsverantwortliche, Fans oder die Presse eine wichtige Rolle und können die Krisensituation verschärfen, sodass es zu unüberlegten Handlungen kommt. Kritische Situationen sind selten vorhersehbar.

VERWEISE:
→ Trainer **(63)**
→ Krisenmanagement **(71)**
→ Trainerentlassung **(65)**
→ Fans **(6)**
→ Medien **(2)**

11 Public Viewing

Die Fußball WM 2006 in Deutschland war die Geburtsstunde des Public Viewing.

Wenn große Menschengruppen außerhalb eines Stadions zusammenkommen, um dem Fußballspiel auf Großbildleinwänden beizuwohnen, spricht man seit der WM 2006 im deutschsprachigen Gebrauch von »Public Viewing«. Hintergrund dieser deutschen Erfindung war die zu geringe Anzahl von Eintrittskarten für die Fußballweltmeisterschaft in Deutschland, die im freien Verkauf für Fans zugänglich gewesen ist. Das Organisationskomitee der WM intervenierte daraufhin bei der FIFA und bei dem Sportrechtevermarkter Infront. Nach langen Verhandlungen wurde der Weg freigemacht, die Liveübertragungen der WM-Spiele kostenlos auf Großbildleinwänden außerhalb der Stadien zu zeigen, was von deutschen Städten und Gemeinden zahlreich genutzt wurde.

Einzige Einschränkung für die (lizenz-)kostenfreie Übertragung war, dass diese nicht durch Sponsoren finanziert wurde und somit nicht kommerziell war. Weitere Bedingung für die kostenfreie Nutzung der Lizenzrechte war die entgeltfreie Nutzung der Übertragung. Sofern Eintritt erhoben wurde, mussten Lizenzgebühren entrichtet werden. Es durften nur ausschließlich lokale oder regionale Sponsoren aktiv werden, die nicht in Konkurrenz zu FIFA-Sponsoren standen. Die einzige Ausnahme blieb das Ausschenken von deutschem Bier, obwohl eine internationale Brauerei FIFA-Sponsor war.

Beim Public Viewing handelt es sich um eine identitätsstiftende Maßnahme, die eine neue Form der Anteilnahme an Großereignissen möglich macht. Bisher war das gemeinsame Erleben von simultan entstehenden Emotionen wie Freude nur Stadionbesuchern vorbehalten. Technisch war das Public Viewing durch die Entwicklung von Großbildleinwänden und Plasmafernsehern möglich geworden. Die Resonanz und Akzeptanz dieser neuen Art von Fankultur überraschte alle Verantwortlichen. Hierbei handelt es sich nicht um Fans im engeren Sinne, vielmehr um eine Art von Fankultur für viele Menschen, die ereignisbezogen und emotional reagieren.

Geteilte Freude ist doppelte Freude: die WM 2006 als Beginn einer neuen Fanbegeisterung.

Public Viewing ist beim Deutschen Patent- und Markenamt als Wort-/Bildmarke eines Unternehmens für die Vermietung von Großbildleinwänden geschützt. Als Wortmarke ist der Begriff weiterhin für jeden nutzbar und seit 2007 im Duden gelistet.

VERWEISE:
→ Medien **(2)**
→ Fans **(6)**
→ Emotion **(15)**

12 Talent

Talent muss immer wieder neu bewiesen werden.

Von »Talent« oder »Begabung« einer Person spricht man dann, wenn einzelne oder mehrere besondere Leistungsvoraussetzungen vorhanden sind. Talent hat oder besitzt jeder Mensch für irgendeine Tätigkeit.

Im Bereich des Fußballs sind sportliche Talente, Talentsuche, Talentauswahl und deren Förderung in besonderem Maße wichtig. Hier herrschen große Defizite in allen Bereichen. Beleg dafür ist, dass in allen Fußball-Junioren-Nationalmannschaften überdurchschnittlich viele Spieler mit Geburtsdatum in den ersten Monaten des jeweiligen Kalenderjahres sind. Durch die Einteilung in Jahrgänge werden schlicht die körperlich akzelerierten Nachwuchsspieler gefördert. Einige Monate früher geboren zu sein, kann körperlich Einiges ausmachen, obwohl Talent sich sicher über das ganze Geburtsjahr verteilt und nicht nur zu Beginn des Jahres vergeben wird.

Wer einmal ein »Großer« werden will, muss stetig bemüht sein und am Ball bleiben.

Zum sportlichen Talent gehören viele weitere Faktoren, die es zu beachten gilt. Neben der sportlichen Leistungsfähigkeit, die am besten im Wettkampf mit Gleichaltrigen zu beweisen ist, sollten Leistungsbereitschaft und Leistungsfähigkeit vorhanden sein. Da sich Talente entwickeln müssen, gilt es, sie kompetent über einen langen Zeitraum zu fördern. Neben der sportlichen Laufbahn muss die persönliche und schulische Karriere beachtet werden, da ein Fußballer nicht im luftleeren Raum lebt, sondern in einer komplexen Gesellschaft, die vieles abverlangt. Die gesundheitliche Betreuung hat einen besonders hohen Stellenwert, da bei hoch talentierten Fußballern die körperliche Belastung schnell ansteigt.

Die Fußballverbände und der DFB haben einige Talentförderprogramme auf den Weg gebracht. In den Nachwuchsleistungszentren der Fußballbundesligisten wird wesentlich professioneller gearbeitet als vor einigen Jahren, und die Durchlässigkeit bis hin zu den Profikadern und der Nationalmannschaft ist deutlich verbessert worden.

VERWEISE:
→ Trainingsplanung **(42)**
→ Koordination **(52)**

13 Kommunikation

Kommunikation ist die Basis für das Miteinander beim Fußball.

»Kommunikation« in seiner ursprünglichen Bedeutung bezieht sich auf Sozialhandlungen zwischen Menschen. Kommunikation als Sozialhandlung ist bezogen auf eine Situation, in der gemeinsam Hindernisse bewältigt werden. Es werden Informationen ausgetauscht oder übertragen. Im Fußball ist ein hohes Maß an Kommunikation nötig. Vielfältige Informationen müssen an die Beteiligten übertragen oder unter ihnen ausgetauscht werden.

Kommunikation gehört zu den komplexesten und wichtigsten Fähigkeiten des Menschen und besteht nicht nur aus sachbezogenen Informationen. Ein großer Teil des Austausches in einem Gespräch läuft über Gesten, Körperhaltungen, Mimiken, Betonungen oder Sprachmelodien ab.

Kommunikation wird als alltäglich und scheinbar selbstverständlich betrachtet. In kaum einem Kommunikationsvorgang werden alle Informationen der Beteiligten so aufgenommen, wie sie gesendet wurden. Solange beide Parteien zufrieden sind, ist das kein Problem. Problematisch wird Kommunikation im Falle von Missverständnissen, Unzufriedenheiten oder Misserfolgen. Ob es sich um Fehler in der Kommunikation handelt oder um andere zwischenmenschliche Probleme, bleibt oft zunächst offen. Vor allem bei sportlichen Misserfolgen leidet die Kommunikation, und es werden Informationen absichtlich vorenthalten oder falsch übermittelt.

Für das praktische Fußballspiel ist Kommunikation untereinander für das taktische Verhalten wichtig. Vieles läuft nonverbal über Beobachtung ab, kann verbal begleitet werden. Im Training kann Kommunikation im Spiel gezielt trainiert werden. Kommunikation spielt eine wichtige Rolle bei der Ansprache des Trainers an sein Team und zur Motivation der Spieler. Die Bedeutung der Kommunikation wird dem Trainer und den Mitspielern besonders deutlich, wenn es um die Integration neuer Spieler oder Spieler ohne deutsche Sprachkenntnisse geht.

Gesellschaft/Kultur/Soziales 33

Spieler, die sich mitteilen, sind immer gut für ein Team.

VERWEISE:
→ Medien **(2)**
→ Krise **(10)**
→ Ansprache **(69)**
→ Motivation **(17)**
→ Krisenmanagement **(71)**

14 Konflikt

Konflikte gehören zum Fußball und müssen schnell gelöst werden.

Wenn Interessen, Ziele oder Wertvorstellungen von Personen oder Gruppen jeglicher Größe nicht miteinander zu vereinbaren sind, spricht man von einem »Konflikt«. Im Fußball können Konflikte auftreten. Sie entstehen zwischen Personen und Gruppen innerhalb einer Mannschaft oder eines Vereins. Zielführend zur Konfliktlösung ist die Analyse, wer die Konfliktpartner und was die Konfliktursache sind.

Die Konfliktursachen können ihren Ursprung in individuellen Wahrnehmungen haben, dabei in Abhängigkeit von der Leistung anderer. Ein Stürmer, der nicht angespielt wird, wird ein Problem damit haben, ebenso ein Team, dessen Stürmer alles allein macht. Unfaire Behandlungen sind Nährböden für Konflikte innerhalb der Mannschaften. Der Eingriff in den persönlichen Bereich eines Spielers, zum Beispiel das Verhältnis seiner Frau zu einem weiteren Spieler, wird fast zwangsläufig zum Konflikt führen. Konflikte sind selten eindeutig zu diagnostizieren. Meist kommen mehrere Ursachen zusammen, und der Konflikt hat sich über einen längeren Zeitraum angebahnt. Deshalb ist die Analyse der möglichen Ursachen oft zielführend.

Die Konfliktlösung, die häufig nur von außen initiiert werden kann, versucht, die Auswirkungen des Konflikts und das schädigende Verhalten innerhalb des Konflikts zu minimieren. Eine Konfliktlösung wird entweder durch Macht ausgeübt – in diesem Fall entscheidet der Trainer – oder durch den Ausgleich der Interessen der Konfliktpartner. Ein guter Indikator für die erfolgreiche Konfliktlösung ist der Umstand, dass beide Partner nach ihrem Konflikt miteinander konstruktiv Kontakt haben.

Die einfachste Form der Konfliktlösung wäre das Gespräch, wobei ein Mediator dies übernehmen müsste. Konflikte innerhalb eines Teams gilt es schnell zu lösen, weil sie leistungshemmend sind. Konflikte gehören folglich zum Prozess des Teambuildings. Ein Trainer sollte einem Konflikt nicht aus dem Weg gehen, da dies seine Position insofern schwächen würde, weil die Mannschaft eine Konfliktlösung durch ihn erwartet.

Gesellschaft/Kultur/Soziales

VERWEISE:
→ Teambuilding **(67)**
→ Kommunikation **(13)**
→ Krisenmanagement **(71)**

15 Emotion

Emotionen können positiv oder negativ sein.

»Emotionen« treten bei Menschen und hier im Fußball häufig auf. Eine Emotion hat einen psychophysiologischen Prozess als Hintergrund und wird durch Wahrnehmung oder Interpretation einer Sache ausgelöst. Es kann zu physiologischen Veränderungen, veränderten Gedanken oder Gefühlserlebnissen kommen, die das Verhalten stark beeinflussen.

Es handelt sich um einen komplexen Prozess auf verschiedenen Ebenen der Verarbeitung. Im Vergleich zu Stimmungen sind Emotionen relativ kurz und intensiv. Während Stimmungen und deren Auslöser oft unbemerkt bleiben, stehen bei Emotionen das auslösende Objekt und die psychologischen, seelischen und physiologischen Komponenten üblicherweise im Fokus.

Davon zu unterscheiden ist das Gefühl, dass nur das subjektive Erleben die Emotion bezeichnet, wie zum Beispiel Freude nach einem Torerfolg oder Traurigkeit nach einer Niederlage. Gefühle unterscheiden sich zunächst von Wahrnehmungen, Eindrücken und vom Denken, vom Wollen abgesehen. Gefühle können sich mit allen anderen Erfahrungen verbinden.

Betreffen Emotionen Handlungsintentionen oder lösen sie Handlungen aus, die sich verselbstständigen und nicht mehr kontrollierbar sind, spricht man von einer Handlung im Affekt. Während bei einem Gefühl der bewusste Aspekt fehlen kann, ist bei Emotionen ein Bezug zum Auslöser vorhanden. Wer zum Beispiel während eines Spiels plötzlich Schmerzen verspürt, muss nicht zwingend verstehen, woher der Schmerz kommt. Spüren kann er ihn trotzdem. Wer nach einem Foul im Affekt aufspringt und sich vor dem Gegner aufbaut, weiß wohl, was vorher passiert ist. Der Schmerz ist nicht verantwortlich für das Aufspringen, sondern die Emotion.

Stimmungen haben demgegenüber einen zeitlich länger andauernden Charakter. Stimmungen können die Wahrnehmung stark trüben und einfärben. Die Realität wird nur noch stimmungsgefärbt wahrgenommen. Alle Arten des Fühlens gleichen sich in gewisser Weise und sind miteinander verbunden. Schlechte Stimmung kommt dort auf, wo vorher etwas als unangenehm gefühlt oder erlebt wurde.

Emotionen und Gefühle spielen im Fußball eine wichtige Rolle, da nicht alle Erwartungen erfüllt werden. Um den gleichen Erfolg kämpfen also verschiedene Parteien, und wo Erfolg eintritt und positive Gefühle auslöst, treten auf der anderen Seite Misserfolg und negative Gefühle auf.

Für den Trainer ist es wichtig, dies möglichst differenziert wahrzunehmen, negative Gefühle möglichst zu vermeiden und Verständnis für Entscheidungen zu erhalten. Dies erreicht er dadurch, dass er Entscheidungen begründet. Das Umkippen der Stimmung ins Negative bei dauerhaft negativen Erlebnissen wird er nicht verhindern können. Emotionen tragen in hohem Maße dazu bei, dass Fußball ein so faszinierender Sport für die direkten und indirekten Teilnehmer ist.

VERWEISE:
→ Aggression **(21)**
→ Frustration **(22)**
→ Foulspiel **(83)**
→ Angst **(20)**

16 Spaß

Ohne Spaß ist das Fußballspielen nicht möglich, und ein Hauptmotiv für die Ausübung der Sportart ist der empfundene Spaß.

Spaß als Synonym für Freude ist eine der wichtigsten Emotionen im Fußball – ohne den die Sportart nicht betrieben werden könnte. Fußball wird so oft gespielt, weil er Spaß bereitet. Es werden Grundbedürfnisse des Menschen befriedigt, und deshalb strebt man zur Wiederholung. Freude ist eine spontane, innere, emotionale Reaktion auf eine angenehme Situation beim Fußballspiel. Ein erzieltes Tor zum 1:2 oder zum 2:1-Sieg kann dem Schützen selbst, seiner Mannschaft oder seinen Fans unterschiedlich stark Freude bereiten. Die Bilder von Siegermannschaften nach großen Turnieren oder am Ende einer langen Saison belegen dies eindrucksvoll. Zwischen dem leichten Lächeln und den Freudentänzen liegt eine große Bandbreite. Derartige Emotionen sind als psychische Reaktionen zunächst spontan und für sich selbst betrachtet neutral. Die wertende Komponente kommt hinzu, wenn sie in negativem oder positivem Verhältnis zur geltenden Moral steht. Der Gewinn eines Wettkampfes unter wissentlichem Dopingmissbrauch oder eines Wettbetrugs sind zweifelhafte Freuden.

Freude wird nicht nur von den Akteuren selbst, sondern von den Fans und Zuschauern empfunden, die sich mit dem Erfolg des Teams identifizieren und sich in der Gemeinschaft mitfreuen. So kann ein Tor bei einer Fußballweltmeisterschaft eine ganze Nation glücklich machen oder in tiefe Trauer stürzen. Beim Public Viewing ist schon die Vorfreude auf ein Ereignis zu spüren, dessen Ausgang völlig offen ist.

Beim Lernen von Bewegungen ist Freude an der Ausführung eine unabdingbare Voraussetzung, um erfolgreich zu sein und muss deshalb im Training berücksichtigt werden.

Regeneration geht schneller vonstatten, wenn der betreffende Fußballer vorher erfolgreich war, da Freude indirekt über das Immunsystem die Regeneration und die Gesundheit und Leistungsfähigkeit stark beeinflusst. Die Zerstreuung beim Fußballspielen ist ein idealer Ausgleich zum empfundenen Stress im Schul- oder Berufsalltag: ein Grund für den Erfolg vieler Indoorsportstätten.

Gewinnen gehört unzweifelhaft zu den schönsten Dingen im Fußball.

Das Zuviel an Spaß kann bei einer Wettkampfmannschaft leistungshemmend wirken, wenn die notwendige Konzentration für eine zu erbringende Leistung nicht mehr aufgebracht wird und die eigene Leistungsfähigkeit beeinträchtigt.

VERWEISE:
→ Bedürfnisse **(18)**
→ Public Viewing **(11)**
→ Fans **(6)**
→ Emotion **(15)**

17 Motivation

Motivation kann und muss vom Trainer erzeugt werden.

Mit »Motivation« wird die emotionale und neuronale Aktivierung in Kombination mit dem Streben nach Zielen bezeichnet. Es gibt verschiedene Ansätze, Motivation zu erklären. Für den Fußballsport anschaulich zu verstehen, ist die Differenzierung in die intrinsische (Eigenantrieb) und extrinsische (Fremdantrieb) Motivation. Hierbei wird differenziert, woher die Motivation stammt. Motiviert werden kann vom Trainer (extrinsisch), oder der Spieler entwickelt selbst seine hohe Eigenmotivation (intrinsisch).

Grundlegend für die eigene Motivation ist das Bestreben, eine Situation herzustellen, die die eigene Lust beziehungsweise Freude erhöht und Situationen zu vermeiden, in denen die eigene Lust leidet.

Eine positive Grundstimmung ist eine gute Basis für Motivation.

Dazu gehört die Befriedigung von Bedürfnissen der Bedürfnishierarchie (siehe Abbildung Seite 42).

Extrinsische Motivation (Sekundärmotivation) entsteht und entwickelt sich aus dem sozialen Umfeld und von außen. Geld, Macht, sozialer Aufstieg können solche Motivationen sein.

Im Fußball spielen Motivationen eine überragende Rolle beim Erbringen von Leistung. Die Motive, um erfolgreich und gut Fußball zu spielen, können extrem vielfältig sein: vom bloßen Spaßhaben bei Amateuren als Motiv für das Fußballspielen bis hin zur Erlangung einer Prämie oder eines neuen Vertrages bei Profisportlern. Bei Fußballern, vor allem in höheren Spielklassen, spielt das Leistungsmotiv eine besondere Rolle. Der Spieler möchte sich etwas abverlangen, sich mit anderen Sportlern messen sowie seine eigenen Grenzen ausloten und die Anerkennung anderer und das Bewusstsein für den eigenen Wert erhalten. Da die Motivation im Fußball nicht nur häufig anzutreffen ist, sondern gefordert und gefördert wird, ist die Sportart Fußball besonders dazu geeignet, um im Spiel und durch das Fußballspiel zu lernen.

In jedem Fußballspiel ist der Ausgang ungewiss. Diese Spannung kann als Motiv für das Fußballspielen gelten und wird als Spielmotiv bezeichnet. Dieses Motiv bleibt bis ins Erwachsenenalter erhalten. Fußball wird gespielt, um das Gefühl von sozialer Nähe und Gruppenzugehörigkeit zu empfinden. Dieses Anschlussmotiv ist vor allem im Freizeitfußball anzutreffen. Die Motive beziehen sich auf das Ausüben des Spiels, das Ergebnis und die Bedeutung von beidem im sozialen Kontext. Motive gezielt zu erkennen und einzusetzen, um Motivation zu erzeugen, ist die Aufgabe des Trainers. Im psychologischen Bereich liegen ungeheuer große Leistungsreserven, die es sich zu entdecken lohnt.

VERWEISE:
→ Emotion **(15)**
→ Bedürfnisse **(18)**
→ Trainer **(63)**

18 Bedürfnisse

Das Verstehen von Bedürfnissen ist die Basis von Motivation.

»Bedürfnis« ist das Verlangen oder der Wunsch, einen empfundenen oder tatsächlichen Mangel zu beseitigen. Ein Bedürfnis kann ein Motiv, eine Eigenschaft oder ein Zustand sein, der zur Motivation führt. Bedürfnisse, Motivation und eine Handlung sind eng miteinander verbunden. Wer einen Fußballer zu hoher Leistung motivieren möchte oder diese erwartet, sollte sich der Grundlagen für deren Entstehung bewusst sein und sie beeinflussen können. Da die Motivation im Fußball ein entscheidender Punkt und die Situation komplex ist, lässt sich mit diesen Kenntnissen besser verstehen, warum ein übermüdeter Spieler oder ein Spieler im Abstiegskampf große Probleme haben, sich zu motivieren. Basis dieser Erkenntnis ist die Bedürfnispyramide nach Maslow (siehe Abbildung).

Menschen versuchen, zuerst Grundbedürfnisse wie das Essen, Trinken und Schlafen zu befriedigen. Erst danach werden Bedürfnisse höherer Ebenen angestrebt.

Bedürfnispyramide nach Abraham Harold Maslow (1908–1970)

Dabei können Bedürfnisse höherer Ebenen komplex und individuell unterschiedlich sein. Es gibt Bedürfnisse wie zum Beispiel den Schlaf, andere Bedürfnisse, die nur durch eine Gruppe befriedigt werden können. Der Spieler ist innerhalb der Mannschaft als Individuum zu beurteilen.

Auch kann die Dringlichkeit oder zeitliche Nähe einer Bedürfnisbefriedigung eine Rolle spielen. Wer seine Miete nicht zahlen kann, weil sein Gehalt nicht pünktlich kommt, empfindet dies als dringendes Bedürfnis. Bedürfnisse können verdeckt oder versteckt liegen und erst nach langer Zeit zutage treten oder geweckt werden. Die Werbung macht sich dies zu nutzen, indem versucht wird, Bedürfnisse nach Luxus oder Annehmlichkeit zu wecken, obwohl das Bedürfnis vorher nicht verspürt wurde.

Ein weitere Differenzierung wäre die Unterscheidung in materielle (Nahrung) oder immaterielle (Anerkennung) Bedürfnisse sowie in bewusste oder unbewusste Bedürfnisse.

VERWEISE:
→ Motivation **(17)**
→ Trainer **(63)**
→ Angst **(20)**

19 Selbstvertrauen

Trainer können das Selbstvertrauen der Spieler fördern.

»Selbstvertrauen« ist das Vertrauen in die eigenen Fähigkeiten und der Eindruck oder die Bewertung, die ein Mensch von sich selbst hat. Beeinflussende innere Größen sind der eigene Charakter, Vergangenheitserinnerungen und das Selbstempfinden. Kenntnisse, Kompetenzen und Erfahrungen beeinflussen das Selbstvertrauen maßgeblich. Selbstvertrauen resultiert aus dem Vergleich der vermeintlich subjektiven Fähigkeiten mit den Anforderungen, mit denen sich die Persönlichkeit konfrontiert sieht.

Ein neuer Spieler, der in seinem vorherigen Verein bisher erfolgreich war, wird zunächst selbstbewusst auftreten. Da Selbstvertrauen nicht unbegrenzt vorhanden ist, sondern mit der Summe von negativen Erfahrungen schrumpft, muss der Spieler sich im neuen Verein erst einmal beweisen. Stürmer sprechen oft davon, sich wieder Selbstvertrauen holen zu müssen. Gemeint ist die Erhöhung der Anzahl der positiven Erfahrungen. Die Fokussierung auf einfache Handlungen ohne Alternativen kann Hilfe sein. Ebenso ist die Einschätzung des eigenen Handelns häufig gestört und muss neu eingestellt werden. In der Fußballpraxis eignet sich dafür das Prognosetraining, bei dem der Spieler seine Wirksamkeit bei klar definierten Torabschlüssen voraussagen muss.

Sportliche Leistungsfähigkeit, vor allem in offenen Spielsportarten wie dem Fußball, in denen es viele Handlungsalternativen gibt, ist stark abhängig vom Selbstvertrauen des Spielers. Dieses äußert sich vor allem im Spiel. Bekannt ist das Phänomen des Trainingsweltmeisters, dessen Selbstvertrauen und Leistungsfähigkeit mit dem Anpfiff zum Spiel quasi erlischt.

Selbstvertrauen ist von Faktoren wie Emotionen oder Müdigkeit abhängig. Basis des Selbstvertrauens ist die gute Selbsteinschätzung. Ein zu hohes Maß an Selbstvertrauen grenzt an Überheblichkeit und ist nicht leistungsfördernd. Trainer können das Selbstvertrauen ihrer Spieler fördern, indem sie ihnen zu bewältigende Aufgaben geben und

Spielen bedeutet lernen mit allen Sinnen. Auch Selbstvertrauen kann so gefördert werden.

sie nicht überfordern. Lob wirkt stimulierend, und Kritik sollte nur konstruktiv erfolgen.

VERWEISE:
→ Teambuilding **(68)**
→ Frustration **(22)**

20 Angst

Angst ist immer zu vermeiden.

»Angst« ist ein menschliches Grundgefühl und wird in vier Formen differenziert: Angst, Furcht, Zustandsangst und Ängstlichkeit. Angst ist der Feind des Lernens und Denkens und nicht förderlich im Fußball. Angst hat meist keine klare Ursache, und somit kann nicht auf sie reagiert werden. Furcht hingegen kennt den Auslöser. Zustandsangst ist eine biologische Schutzfunktion in einer bedrohlich erlebten Situation, und Ängstlichkeit ist eine individuelle Veranlagung als Ergebnis konstitutioneller Eigenschaften und äußerer Einflüsse.

Von kurzer Angst bis hin zu einer Persönlichkeitseigenschaft gibt es viele Abstufungen. Angst hat den Sinn, Gefahren zu erkennen und sich durch angemessenes Verhalten zu schützen. Leider ist diese Warnfunktion störanfällig.

Als emotionale Reaktion kann Angst mit physiologischen Veränderungen einhergehen. Nicht immer ist das Objekt der Angst real, sondern wird nur antizipiert. In der Reaktion macht das keinen Unterschied. Im Sportunterricht kann die Angst konkret sein, zum Beispiel vor dem Sprung über einen Kasten. Sie kann dadurch begründet sein, möglicherweise zu versagen und im Ansehen der Mitschüler zu sinken, was zu einer Beeinträchtigung des Selbstwertgefühls führen würde.

Im Fußball sind die realen Faktoren der Angst eingeschränkt. Angst vor Verletzungen wäre ein konkretes Beispiel. Häufiger ist im Fußball die Angst vor Misserfolg beziehungsweise Versagen anzutreffen. Ein Beispiel dafür ist das Elfmeterschießen. Wenn hier die Angst vor dem Misserfolg größer ist als die Hoffnung auf Erfolg, wird die Handlung davon negativ beeinflusst, und der Schütze versagt. Angst vor Misserfolg kann auftreten, wenn das eigene Leistungsvermögen geringer ist als das eigene Anspruchsniveau. Man hat Angst, seinen eigenen Anforderungen nicht zu genügen.

Frustration und Aggression können eng mit dem Gefühl der Angst verbunden sein. Großen Einfluss auf die Angst kann der Führungsstil eines Trainers haben. Einerseits kann eine zu freie Gestaltung der Führung Angst erzeugen, ebenso die zu strenge Führung.

Angstsituationen sind im Fußball möglichst zu vermeiden, da die Handlungen dadurch fast immer negativ beeinflusst werden und nicht mehr kontrollierbar sind. Angst auf dem Spielfeld zu reduzieren hilft, sich gut zu orientieren und auf Situationen vorbereitet zu sein. Eine kompetent geführte Mannschaftsbesprechung, ein guter Fitnesszustand, die Gegneranalyse, die Absprache von Zuordnungen: Viele Details können dem Spieler die Unsicherheit nehmen.

VERWEISE:
→ Emotion **(15)**
→ Frustration **(22)**
→ Aggression **(21)**

21 Aggression

Aggressives Verhalten muss differenziert betrachtet werden.

»Aggression« ist die Sammelbezeichnung für ein menschliches Verhalten, bei dem eine Partei versucht, einer anderen eventuell mit direkter oder indirekter Anwendung von physischer oder psychischer Schädigung etwas aufzuzwingen. Aggression ist in jedem Fall eine aktive Verhaltensweise und löst innere Spannungen aus. Die Aggression kann sich in verbalen, psychischen oder tätlichen Angriffen gegenüber Personen, Personengruppen und Sachen äußern.

Im Fußball tritt Aggression in allen erdenklichen Formen und außerhalb des Spielfeldes auf. Teilweise ist sie hier als Auflösung der Spannung zu verstehen und wird vom Schiedsrichter sanktioniert, sofern sie Grenzen, die das Spiel erlaubt, überschreitet. Grenzen, die Hooligans überschreiten, werden von den Ordnungskräften sanktioniert.

Es gibt viele Erklärungsansätze für aggressives Verhalten und Aggression. Von der Annahme, dass es sich um ein angeborenes oder an konditioniertes Verhalten handelt bis hin zur Annahme, dass Aggression erlernbar ist. Für diese Annahme wäre die Vorbildfunktion von Spielern, Trainern und Reportern ernst zu nehmen, etwa »Blutgrätschen« oder andere aggressive Handlungen nicht nachgeahmt werden. Die Anwendung von aggressiven Verhaltensmustern darf im Fußball nicht zum Erfolg führen und sollte nicht nachgeahmt werden.

Auch die Entstehung von Aggression als Reaktion auf Frustration ist ein Erklärungsansatz. Unterlegene Mannschaften, die im Verlauf eines Spiels viele individuelle Strafen bekommen, deuten auf die Plausibilität dieser Interpretation hin.

Im Fußball findet aggressives Verhalten im anderen Sinne häufig statt beziehungsweise wird von den Trainern und den Zuschauern gefordert. Dieses Verhalten muss nicht unfair sein oder Verletzungen provozieren, sondern ist ein Anzeichen von Aktivität und hohem Engagement. Das Abwehrverhalten muss in diesem Sinne aggressiv geführt werden, ebenso muss das Pressing aggressiv durchgeführt werden, wenn es Erfolg versprechen soll. Kriterium ist die Aktivität des

Aggressives Verhalten ist im Fußball prinzipiell erwünscht, die Grenzen aber schwer zu differenzieren.

Spielers, ohne eine Schädigungsabsicht zu haben oder in Kauf zu nehmen.

Im Fußball finden sich einige Grenzbereiche, in denen die Abgrenzung schwierig wird wie im Falle der »Notbremse« und des taktischen Fouls, die als instrumentelle Aggression zu verstehen sind. Sie dienen explizit nicht der Schädigung des Gegners, sondern folgen dem übergeordneten Ziel des Gewinnenwollens.

VERWEISE:
→ Frustration **(22)**
→ Motivation **(17)**
→ Teambuilding **(68)**
→ Krise **(10)**
→ Fair Play **(5)**
→ Hooligans **(7)**
→ Fans **(6)**

22 Frustration

Frustration muss stets als Reaktion wahrgenommen werden.

»Frustration« ist die Reaktion auf eine nicht eingetretene erwünschte Erwartung.

Frustrationen können ihre Ursachen in der realen Umwelt, im Unterbewusstsein haben und führen unmittelbar zu Enttäuschung. Frustrierende Bedingungen zu ertragen, wird mit Frustrationstoleranz bezeichnet. Diese Fähigkeit kann unterschiedlich ausgeprägt sein. Aus Frustration kann Aggression oder Regression entstehen.

Ein Beispiel für Aggression wäre im Fußballsport die hohe Anzahl von Fouls als Reaktion auf totale Unterlegenheit im Spiel. Regression würde sich zeigen, wenn gar nichts mehr klappt, was bei Einzelspielern zu beobachten ist. Es werden Fehler gemacht, von denen man annahm, dass sie überwunden und abgelegt wurden.

Frustrierende Situationen werden bagatellisiert, sie als nicht so belastend wahrgenommen. Ebenso neigen Spieler dazu, Ursachen in der Umgebung zu suchen, als bei sich selbst. Frustration bezeichnet nur die Folgen von etwas, nicht die Sache selbst, die den Zustand herbeiführt. Die Situationen können von außen herangetragen werden (zum Beispiel eine Niederlage) von innen (wie etwa ein Mangel an Bedürfnisbefriedigungen).

Für den Fußballtrainer ist das Thema Frustration in einer Mannschaft allgegenwärtig. Erwartungen von 20 verschiedenen Individuen können nie alle in Erfüllung gehen. Genauso wenig kann jedes Spiel gewonnen werden. Der Umgang mit diesen Situationen muss vom Trainer gesteuert werden. Entscheidungen, die Frustration hervorrufen können, wie die Nichtberücksichtigung in der Startelf oder im Kader, müssen begründet und erklärt werden.

Ungerechtes Verhalten den Spielern gegenüber muss vermieden werden. Kritik sollte konstruktiven Charakter haben. In Verbindung mit Verbesserungsvorschlägen kann sie den Weg aus der Frustration ebnen. Ein Spieler und ein Team müssen eine hohe Frustrationstoleranz besitzen, um im Spiel den eigenen Plan bei negativen Erlebnissen wie Gegentoren beibehalten zu können.

Trainer dürfen auch frustriert sein, müssen sich aber schneller davon erholen.

VERWEISE:
→ Teambuilding **(68)**
→ Trainer **(63)**
→ Aggression **(21)**

23 Hierarchie

Die Bildung einer Hierarchie ist ein gesteuerter Prozess des Trainers.

Eine Rangordnung von Elementen, die einander über- oder untergeordnet sind, wird als »Hierarchie« bezeichnet. Damit ist nicht zwingend die Wertigkeit der Elemente bestimmt.

In der Fußballmannschaft geht es um die Hierarchie im sozialen System. Dabei spielt vor allem die Interaktion des Individuums eine entscheidende Rolle. Hauptaspekte sind Handlungen und Kommunikation untereinander. Da das System Fußballmannschaft stark durch Interaktionen innerhalb des Systems bestimmt wird, ist eine funktionierende Hierarchie unabdingbar. Die Aufgaben müssen verteilt und erledigt werden, Entscheidungen getroffen und akzeptiert werden. Ein Team mit einer Hierarchie muss geführt, betreut und entwickelt werden. Dies ist im Rahmen des Teambuildings eine zentrale Aufgabe des Trainers. Schon durch die Auswahl des Kaders für eine Saison und das Bestimmen oder die Wahl eines Kapitäns greift er entscheidend in die Hierarchiebildung des Teams ein. Jede Aufstellung, jede Kritik, jede Auswechslung kann Einfluss auf die Hierarchie innerhalb einer Mannschaft haben.

Der Trainer muss genau beobachten, welche Verhaltensweisen und Interaktionen er von einzelnen Spielern haben möchte. Durch gezielte Handlungen wie das Einzelgespräch, Gruppengespräch und die vertrauensbildenden Maßnahmen kann dies entwickelt werden. Jeder Spieler steht für gewisse Fähigkeiten und Eigenschaften, die er mitbringt, und diese rechtfertigen seinen Platz im Kader. Greift ein Trainer in die Hierarchie ein, wird er nur Erfolg haben, wenn er dafür die Akzeptanz der Spieler hat, also eine freiwillige Zustimmung, die durch Anerkennung stattfindet.

Bei einer intakten Hierarchie innerhalb einer Mannschaft werden alle Rollen verantwortungsvoll ausgefüllt. Dieses gute Rollenverhalten wird sich auf dem Platz durch besseres Verstehen, einem höheren Grad von Kommunikation, besserer Organisation, mehr Respekt und besserer Teamleistungen auszeichnen. Probleme innerhalb eines Teams stehen im Zusammenhang zur Hierarchie im Team und müssen dahin gehend interpretiert und gelöst werden.

VERWEISE:
→ Teambuilding **(67)**
→ Trainer **(63)**
→ Mannschaftskapitän **(66)**
→ Respekt **(28)**
→ Organisation **(26)**

24 Verantwortung

Verantwortung kann im Fußball erlernt werden.

»Verantwortung« ist die Pflicht, für eigenes oder fremdes Verhalten Rechenschaft abzulegen und die Folgen zu tragen. Die Voraussetzung, um Verantwortung zu übernehmen, ist die Fähigkeit zur bewussten Entscheidung, also sich für eine Handlung zu entscheiden und deren Verlauf und mögliche Folgen verantwortungsvoll zu begleiten. Im Resultat einer Handlung spiegelt sich nicht wieder, ob der Handelnde verantwortungsvoll gehandelt hat, sondern im Verlauf. Wer Verantwortung übernimmt, sollte sich im Klaren darüber sein, dass sein Verhalten andere Menschen positiv oder negativ beeinflussen kann.

Im Fußball wird der Begriff der Verantwortung oft benutzt, vor allem dann, wenn es um schwierige Entscheidungen geht. Da es sich um ein Spiel handelt, kann der Handelnde nicht direkt für seine Folgen zur Verantwortung gezogen werden, obwohl diese im professionellen Bereich weitreichend sein können.

Ein verschossener Elfmeter bei einem Entscheidungsspiel zum Klassenverbleib kann verheerende finanzielle Konsequenzen für den Verein nach sich ziehen. Kein Spieler könnte eine solche Verantwortung übernehmen. Folglich würde keiner schießen, was keine Lösung darstellt. Verantwortungsvolle Spieler zeichnen sich dadurch aus, dass sie die an sie gestellten Aufgaben erkennen, akzeptieren und versuchen, sie mit bestem Können zu erfüllen.

Vor allem Trainer tragen eine große Verantwortung: Aus der Vielzahl ihrer Entscheidungen und Handlungen entstehen Erfolg oder Misserfolg. Für den Misserfolg wird der Trainer zur Verantwortung gezogen und häufig entlassen.

Ein Trainer hat neben dem sportlichen Erfolg viele andere Verantwortlichkeiten zu leisten. Er ist für die Entwicklung der Spieler verantwortlich, und zwar nicht nur im Fußball, sondern für die Entwicklung des allgemeinen Sozialverhaltens. Dies zeigt die besondere Bedeutung der Jugendtrainer im Fußball auf, für die vor allem die Vorbildfunktion ein wichtiger Aspekt darstellen sollte.

Verantwortung für das Team übernehmen bedeutet die Interessen des Teams über die eigenen zu stellen.

VERWEISE:
→ Trainer **(63)**
→ Vorbild **(1)**
→ Respekt **(28)**
→ Vertrauen **(29)**
→ Trainerentlassung **(65)**
→ Fair Play **(5)**

25 Konzentration

Konzentrationsfähigkeit ist ein wichtiger Leistungsbaustein im Fußballsport.

»Konzentration« ist die bewusste Fokussierung der Aufmerksamkeit auf eine bestimmte Tätigkeit, ein Ziel oder eine Aufgabe. Sie erfordert geistige Anstrengung und kann bei Ermüdung nachlassen. Besonders konzentriert ist man folglich, wenn man seine Aufmerksamkeit über einen längeren Zeitraum ohne Nachlassen hochhalten kann.

Fußball fordert durch die Komplexität ein hohes Maß an Konzentration, die über die gesamte Spielzeit aufrechterhalten werden sollte. Hohe körperliche oder psychische Belastungen können negativen Einfluss auf die Konzentration haben. Positiven Einfluss auf die Konzentrationsfähigkeit werden der Bewegung, sanftem Ausdauersport und der Anwendung von Entspannungsverfahren zugesprochen. Zur Konzentration gehört nicht nur das Fokussieren auf einen Moment, sondern die gedankliche Vorwegnahme der nächsten Situation oder Handlung.

Beim Fußball ist diese Fähigkeit von besonderer Bedeutung, da es verschiedene Aspekte zu beachten gilt. Eine wichtige Komponente stellt hier die Wahrnehmung der komplexen Spielsituation dar. Die eigene Position, die der Mitspieler, die des Gegners und die des Balles sollten im Zentrum der Wahrnehmung stehen. Da alles in der Bewegung stattfindet, sind die gedankliche Vorwegnahme der Aktion (Antizipation) und das zeitgerechte Stattfinden der eigenen Handlung (Timing) besondere Konzentrationsleistungen. Durch Ermüdung lässt diese Fähigkeit im Laufe eines Spieles nach. Erkennbar wird dies an der höheren Zahl von Fehlern, die häufig Indikator für momentane oder nachlassende Konzentration ist. Die höhere Anzahl an Fouls zum Ende einer Halbzeit sowie die nachlassende taktische Disziplin sind hier nennenswerte Aspekte.

Im Fußball wird eine besondere Art von Konzentration gefordert, die selten im Training thematisiert wird. Gezielter Einsätze von Trainingsmitteln und von Inhalten könnten hier deutliche Verbesserungen bringen. Da Konzentration ein wichtiger Faktor für Lernverhalten ist, sollten bereits im Nachwuchstraining gezielt Inhalte eingesetzt werden, um die Konzentrationsfähigkeit zu verbessern.

VERWEISE:
→ Life Kinetik **(61)**
→ Organisation **(26)**
→ Foul **(83)**
→ Kondition **(47)**
→ Taktik **(46)**

26 Organisation

Organisation auf dem Spielfeld ist unabdingbar.

Als »Organisation« wird eine soziale Struktur bezeichnet, innerhalb der Individuen geplant und zielorientiert zusammen agieren. Es wird versucht, diese Organisation fortlaufend beizubehalten und zu optimieren. Organisation steht in engem Zusammenhang zur Konzentration, da diese eine grundlegende Voraussetzung ist.

Auf dem Spielfeld ist die Organisation der Spieler bestimmt durch das Spielsystem, das eine feste Verteilung der Positionen vorgibt. In keinem Fall ist dieses System als starr zu interpretieren, sondern unterliegt ständigen Variationen. Mit den Positionen auf dem Spielfeld werden in dieser Organisation gleichzeitig die Aufgaben und Pflichten hinsichtlich dieser Positionen beschrieben. Durch die Interaktion mit den anderen Positionen in Handlung und Kommunikation wird die Organisation dynamisch, ohne ihre Funktion zu verlieren.

Verantwortungsvolles Handeln auf jeder Position gewährt Stabilität in einem Mannschaftsteil und dem gesamten Team. Jedes Mitglied erfüllt Erwartungen, erwartet von den anderen Mitgliedern die Erfüllung der gestellten Aufgaben. Der Trainer gibt durch seine Aufgaben- und Positionszuteilung vor, wie starr die Organisation sein soll oder ob Aufgaben und Positionen gewechselt werden können, was ein System flexibler machen würde. Die bestmögliche Organisation in jeder denkbaren Situation wäre demnach das höchste zu erreichende Ziel einer Fußballmannschaft.

Besondere Anforderungen werden an den Trainer und das Team gestellt, wenn sich bekannte Organisationsstrukturen verändern. Dies könnte der Fall sein, wenn ein anderes System gespielt werden soll oder entscheidende Spieler zu ersetzen sind. Es liegt am Trainer, dieses neue Szenario zu vermitteln, ohne Einbußen in der Organisation hinnehmen zu müssen. Bei schlecht vorbereiteten Systemwechseln wird häufig wieder in ein altes System zurückgewechselt, da die bekannte Organisation zunächst mehr Sicherheit verleiht.

VERWEISE:
→ Taktik **(46)**
→ System **(72)**
→ Konzentration **(25)**
→ Trainingsplanung **(42)**
→ Kondition **(47)**

27 Ziel

Ziele müssen erreichbar sein und formuliert werden.

Ein »Ziel« ist ein in der Zukunft liegender angestrebter Zustand. Es ist das angestrebte Ende einer menschlichen Handlung. Das Erreichen eines Zieles wird als Erfolg interpretiert. Ziele werden durch Handlungen erreicht. Es können viele Teil- oder Zwischenziele als Stationen zu einem übergeordneten Ziel fungieren. Hierbei gilt es zu beachten, dass sich die Teilziele sinnvoll ergänzen und nicht etwa aneinander vorbei oder gegenläufig formuliert sind.

Ein Ziel hat großen Einfluss auf die Motivation der Beteiligten in Bezug auf den Verlauf der Handlungen und das Erreichen des Ziels. Das Erreichen des Ziels ist im Verlauf offen. Es wird nicht mit Sicherheit erreicht, und es sind viele Aufgaben und Hindernisse zu bewältigen.

Im Fußball ist das übergeordnete Ziel der Gewinn eines Spiels. Das Gewinnen des Meistertitels oder der Nichtabstieg können als Ziel formuliert sein. Die Zeitnähe eines Ziels und die realistische Einschätzung der Erreichung eines Ziels sind wichtige Faktoren. Auf dem Weg zum Erreichen einer Meisterschaft oder eines einzelnen Sieges sind viele Teilziele zu formulieren. Erreichte Teilerfolge stärken das Selbstbewusstsein. Es werden Ziele, an deren Erreichen man glaubt, eher realisiert, als Ziele, an deren Erreichen man nicht glaubt.

Ziele geben dem Handeln im Fußball Struktur und Bedeutung. Deshalb müssen sie formuliert werden. Die Zielformulierung ist eine zentrale Aufgabe des Trainers. Ziele stehen im Zusammenhang mit Bedürfnissen und Motiven. Eine enge Bindung an Emotionen erhöht die Bereitschaft, Ziele zu erreichen. Die Mittel zur Zielerreichung müssen zur Verfügung stehen. Deshalb sind überzogene und unrealistisch formulierte Ziele kontraproduktiv für eine Fußballmannschaft. Der Trainer muss dafür Sorge tragen, dass viele fußballerische Mittel und Kenntnisse zur Verfügung stehen, um Ziele zu erreichen. Ein möglichst positives Bild seiner Mannschaft ist ihm von großem Nutzen.

VERWEISE:
→ Motivation **(17)**
→ Selbstvertrauen **(19)**
→ Trainer **(63)**
→ Bedürfnisse **(18)**
→ Emotion **(15)**

28 Respekt

Respekt muss verdient werden.

Eine besondere Form von Wertschätzung einer anderen Person oder Einrichtung gegenüber wird mit dem Begriff »Respekt« bezeichnet. Es geht vornehmlich um zwischenmenschliche Beziehungen. Die Formen, in denen sich Respekt zeigt, sind vielfältig. Allen gemein ist, dass egoistisches Verhalten ausgeschlossen sein kann. Ein Kennzeichen ist die besondere Aufmerksamkeit. Anerkennung der Autorität einer Person sowie Toleranz und Rücksichtnahme ihr gegenüber sind ebenfalls Indikatoren für Respekt. Für den menschlichen Umgang miteinander ist Respekt unumgänglich.

Speziell in der Situation des Fußballs ist Respekt vor allem gegenüber dem Trainer unumgänglich. Anders sind die Rolle und die Rollenerwartung der Spieler an den Trainer gar nicht zu leisten. Der Respekt der Spieler untereinander und der Respekt des Trainers vor den Spielern sind wichtige Bausteine des Erfolges in Teamsportarten. Zu intensiv sind die Erlebnisse und zu hoch die Anforderungen im Sportspiel, als dass auf diese zwischenmenschliche Basis verzichtet werden kann. Ein Mangel an Respekt wird zu Problemen führen.

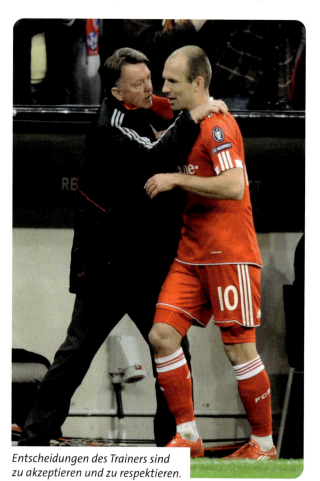

Entscheidungen des Trainers sind zu akzeptieren und zu respektieren.

Respekt wird dem Trainer zunächst durch seine definierte Rolle zuteil, die er durch sein Verhalten bestätigen muss. Es ist zu differenzieren zwischen der Person des Trainers und seinen Entscheidungen, die er in der Funktion als Trainer trifft. Entscheidungen des Trainers können durchaus respektiert und umgesetzt werden, wenn die Person keinerlei Respekt genießt. Werden weder Entscheidungen, wird nicht die Person des Trainers respektiert, gibt es keine Basis der Zusammenarbeit zwischen Team und Trainer mehr. Menschliche Integrität, Fairness und Kompetenz sind neben seinen kommunikativen Fähigkeiten und dem Führungsstil entscheidende Komponenten.

Für den Fair Play-Gedanken ist Respekt vor der Unversehrtheit des Gegenspielers ein entscheidender Faktor. Im englischen Sprachgebrauch ist der Begriff Respekt etwas milder und im Sinne einer zwischenmenschlichen Haltung zu verstehen, die auf Achtung beruht und weniger auf Autorität oder Kompetenz.

VERWEISE:
→ Integrität **(30)**
→ Trainer **(63)**
→ Teambuilding **(68)**
→ Fair Play **(5)**

29 Vertrauen

Vertrauen muss bestätigt werden.

Mit »Vertrauen« wird die positive Annahme eines erwarteten Verlaufs bezeichnet. Vertrauen richtet sich auf zukünftige Ereignisse, wird in der Gegenwart gelebt. Vertrauen in sich selbst und seine Handlungen sind leistungsfördernde Eigenschaften – ob für den einzelnen Sportler (Selbstvertrauen) oder die gesamte Mannschaft als Summe der Individuen.

Wenn Vertrauen in den positiven Verlauf einer Mannschaft von Vereinsseite verlorengeht oder das Saisonziel bedroht ist, kommt es oft zur Trainerentlassung, man entzieht dem Trainer das Vertrauen. Ein neuer Trainer genießt sofort das Vertrauen des Vereins, um die sportliche Situation in der Zukunft zu verbessern. Paradox ist, dass die vorherigen sportlichen Meriten des neu verpflichteten Trainers keine Rolle spielen. Es kann durchaus sein, das ihm eine Woche zuvor das Vertrauen andernorts entzogen und er wegen sportlichen Misserfolgs von einem anderen Verein entlassen oder beurlaubt wurde.

Gründe für dieses neue Vertrauen in eine neue Person sind häufig darin zu sehen, die komplexe, rational nicht mehr überschaubare Situation in Krisen wieder durchsichtiger und kalkulierbarer zu machen. Zeitdruck und mangelnder Informationsfluss, die häufig mit der Krise einhergehen, werden somit gemildert. Entscheidendes Kriterium für diesen Vertrauensvorschuss ist das Vorhandensein von Handlungsalternativen.

Die Basis für das Vertrauen sind Glaubwürdigkeit, Zuverlässigkeit und Authentizität. An diese Kriterien könnte ein Trainerwechsel gekoppelt sein. Mit Vertrauen sind meist hohe Erwartungen verknüpft, die das Handeln und die Erfüllung der Erwartungen nicht leichter, sondern schwieriger machen. Vertrauen ist eine gute Basis für Kooperation. Gegenseitiges Verhalten der Kooperationspartner mit Rechten und Pflichten wird wieder besser wahrgenommen und gelebt.

VERWEISE:
→ Vorbild **(1)**
→ Krisenmanagement **(71)**
→ Trainerentlassung **(65)**
→ Integrität **(31)**

30 Moral

Moral im Fußball ist nur teilweise vorhanden.

Mit »Moral« werden wiederkehrende und anerkannte Verhaltensmuster oder Regeln innerhalb bestimmter Gruppen bezeichnet. Moral bezieht sich auf die Wertung von Handlungen und ob diese für richtig erachtet werden. Sittlichkeit und Ethos sind synonym verwandte Begriffe.

Im Fußball werden diese Verhaltensmuster und Regeln durch die Spielregeln und die Werte der Handelnden bestimmt. Nicht alle Mitglieder genügen den gleichen moralischen Anforderungen. Dies gilt sowohl auf dem Spielfeld wie auch außerhalb der Fußballwelt.

Besonderes Augenmerk bekommt Moral durch den Begriff des Fair Play und dem Foul im Spiel. Für beides finden sich mannigfaltige Vergehen beim Fußballspiel, die teilweise vom Schiedsrichter geahndet werden, oft allerdings unentdeckt stattfinden. Das absichtliche taktische Foulspiel, die »Schwalbe« und das Zeitschinden sind Verhaltensweisen, die sich im Fußball eingebürgert haben und nicht mit den gängigen Moralvorstellungen in Einklang zu bringen sind.

Trainer fordern von ihrem Team eine gute Moral in Bezug auf dessen Kampfbereitschaft und Leidenschaft, ermutigen sie mitunter gleichzeitig zu taktischen Fouls. Das ist eine noch nicht gelöste Diskrepanz im Trainerberuf und im Fußball allgemein. Diese Verhaltensmuster sind vor allem durch ihren Abstrahleffekt auf den Nachwuchsfußball schädlich. Hier beugen sich der Fußball, der Trainer und die Spieler dem Leistungsmotiv und dem Diktat des Siegenwollens und -müssens.

Moral muss vorgelebt werden. Die Handlungen im Spiel sind häufig wiederkehrende Muster, die sich eingebürgert haben und nur schwer veränderbar sind. Die großen Fußballverbände wissen um diesen Missstand und versuchen, dieser Entwicklung durch viele Aktionen und Regeländerungen Einhalt zu gebieten und die herausragende

Bedeutung von Fußball in der Erziehung von Kindern herauszustellen. Viele Aspekte des sozialen Miteinanders können mit und durch Fußball erfolgreich vermittelt werden. Dies wird subsumiert unter der sozialen Verantwortung des Fußballs, die sich im Berufsethos der Profis ebenfalls niederschlagen sollte. Im Ehrenkodex der Fußballtrainer ist sie zumindest formuliert.

VERWEISE:
→ Vorbild **(1)**
→ Fair Play **(5)**
→ Zeitschinden **(82)**
→ Foulspiel **(83)**
→ Medien **(2)**
→ Integrität **(31)**

31 Integrität

Integrität ist im Fußball leider selten.

Integrität ist eine Personeneigenschaft, die sich – zumindest im bezahlten Fußball – leider nur noch selten findet. Damit ist die Übereinstimmung von humanistischen Werten wie Aufrichtigkeit, Gerechtigkeit und Vertrauenswürdigkeit mit dem realen eigenen Handeln gemeint.

Als Gegenteil von integerem Verhalten ist korrumpierbares Verhalten zu sehen. Das ist das Verhalten einer Person, das nicht von moralischen Werten, sondern von äußeren Drohungen oder Verlockungen beziehungsweise der Bestechung geleitet ist.

Der professionelle Fußball ist vor allem in wirtschaftliche Zwänge eingebettet. Die Beeinflussungsmöglichkeiten haben stark zugenommen. Dieser Druck geht hinunter bis zum Trainer, dessen Entscheidungen nicht nur aufgrund sportlicher Fakten getroffen werden, sondern aufgrund vereinspolitischer oder wirtschaftlicher Zwänge erfolgen. So kann zum Beispiel das persönliche Verhältnis zu einem Spielerberater Einfluss auf Entscheidungen haben. Neuverpflichtungen, Vertragsverlängerungen und Aufstellungen haben folglich nicht nur einen sportlichen Hintergrund. Von der Person des Trainers sollte aufgrund seiner prominenten Position ein hohes Maß an Integrität gefordert werden, da man ihm von Vereinsseite und Spielerseite absolutes Vertrauen entgegenbringt. Vielleicht liegt in der fehlenden Integrität der Trainer der Grund für die häufigen Trainerentlassungen, da sich das Vertrauen leichter entziehen lässt, wenn der Trainer als nicht integer betrachtet wird. Im Umkehrschluss werden Trainer mit hoher Integrität wenig Aussicht auf sportlichen Erfolg oder Aufstieg haben.

Für die Spieler selbst sollte Integrität als Bestandteil der Persönlichkeit gelten. Fehlverhalten, Pflichtverletzungen und Störungen des Arbeitsklimas würden sicher im geringeren Maße ausfallen. Im Amateurfußball sind diese vielfältigen Mechanismen sicher weniger stark vertreten. Daher ist die Bedeutung des Amateursports für die moralische Erziehung und die soziale Bedeutung zu betonen.

Für fehlende Integrität ist ein Mensch in aller Regel selbst verantwortlich, wenn die gesellschaftlichen Rahmenbedingungen und das Wohlwollen seiner Mitmenschen eine große Rolle spielen.

VERWEISE:
→ Vorbild **(1)**
→ Trainer **(63)**
→ Fair Play **(5)**
→ Respekt **(28)**
→ Verantwortung **(24)**
→ Moral **(30)**

32 Abstiegsgespenst

Das Abstiegsgespenst kann vertrieben werden.

In jeder Saison wird ein Meister ermittelt, und es werden vorher Auf- und Abstiegsplätze festgelegt. Zum Ende einer Saison spitzt sich meist die Dramatik um Auf- oder Abstieg zu, da die verbleibende Anzahl an Spielen geringer wird. Mannschaften, die weder mit der Tabellenspitze noch mit dem Abstieg zu tun haben, spielen um die Plätze im »Niemandsland« der Tabelle. Da der Abstieg eine dramatische Situation für einen Verein, seinen Trainer und seine Spieler darstellen kann, sollte dieser Tatsache nicht erst zum Ende der Saison Aufmerksamkeit geschenkt werden.

Im Fußball wird zum Ende der Saison häufig vom »Abstiegsgespenst« gesprochen, welches sich in manchen Stadien oder bei verschiedenen Spielen herumtreibt. Da es noch keiner gesehen hat (außer bei kreativen Fans mit Verkleidungen), scheint es sich eher um ein psychologisches Phänomen zu handeln. Erkennbar wird die Gegenwart des »Abstiegsgespenstes« durch erhöhte Nervosität der Spieler, fehlende Kreativität und einer ungewohnt hohen Fehlerquote während eines Spiels. Diese Umstände haben ihre Ursache in der Drucksituation, in der die Spieler stehen und ihrer fehlenden Vorbereitung auf diese Situation. Die Angst zu Versagen lähmt quasi die fußballerischen Möglichkeiten. Erkennbar wird dies daran, dass Teams deren Abstieg bereits besiegelt ist, plötzlich wieder Spiele gewinnen und attraktiv und erfolgreich Fußball spielen können.

Das Abstiegsgespenst hat zweifelsohne das Gesicht einer Krise und sollte mit einem sinnvollen Krisenmanagement bekämpft werden. Dazu gehört die rechtzeitige Identifikation der Krise, da der Zeitdruck eines der größten Probleme werden kann. Die frühzeitig eingeleiteten Gegenmaßnahmen können die Verschärfung der Krise eventuell verhindern. Da für alle Mannschaften potenziell die Möglichkeit besteht, in den Abstiegskampf zu geraten, sollte dieses Krisenmanagement bei allen funktionieren. Vor allem Mannschaften, die dieses Szenario nicht in ihre Planungen einbezogen haben, sind oft hilflos und leiten keine

Gegenmaßnahmen ein oder beurteilen die Situation als noch nicht dringlich genug. Absteigen müssen naturgemäß dennoch einige Mannschaften. Wer unvorbereitet auf diese Situation trifft und sie deshalb nicht meistern kann oder in Panik gerät, hat dies zum Teil sicher selbst zu verantworten.

VERWEISE:
→ Krise **(10)**
→ Krisenmanagement **(71)**

33 Elf Freunde müsst ihr sein

Elf Freunde müsst ihr gar nicht sein.

Die berühmte Forderung nach »Elf Freunde müsst Ihr sein« innerhalb einer Fußballmannschaft ist heute anders zu betrachten als in der Zeit, in der diese Forderung entstanden ist. Diese Fußballweisheit stammt aus einer Zeit, in der Fußballmannschaften eher einen lokalen Charakter hatten und eine lange gemeinsame Zeit in einem Team miteinander verbracht haben. Dieses Zusammengehörigkeitsgefühl wurde damals als Leistungskomponente identifiziert und gefördert. Nur mit seinen besten Freunden gewinnt man heutzutage kein Fußballspiel. Im Gegenteil: Häufig wird die Freundschaft auf eine ernsthafte Probe gestellt.

Das primäre Ziel im leistungsorientierten Fußball ist eindeutig dadurch bestimmt, gewinnen zu wollen und nicht Freundschaften zu pflegen. Eine Mannschaft funktioniert nur besonders gut, wenn alle Aufgaben gut verteilt und bewältigt werden. Und hierzu ist Freundschaft zwischen den Spielern nicht notwendig. Gerade die kleinen Konflikte und Hierarchiekämpfe erschließen oft neue Potenziale für eine Mannschaft. Die Integration von verschiedenen Charakteren, neuen Spielern – ausländischer Herkunft – hat sicher nicht Freundschaft zum Ziel. Zudem wechseln Spieler während einer Saison häufig den Verein. Im Rahmen des Teambuildings wird versucht, die bestmögliche Integration und Kooperation zwischen den Spielern und ihren Fähigkeiten zu erreichen Gerade das zeichnet eine Mannschaft aus. Diese Charakteristika lassen sich in Freundschaften finden. Eine Fußballmannschaft braucht eine Art Zusammengehörigkeitsgefühl und die Integration aller Spieler. Erst in dieser Konstellation lassen sich eine Organisation, ein System gegen äußere und innere Widerstände aufrechterhalten und lässt erfolgreich Fußball spielen. Die Bedeutung der Mannschaft ist eher als ein soziales Gebilde zu betrachten, in dem Freundschaften keine Hauptrolle spielen.

Ein Fußballspiel beinhaltet auch Konfliktpotential innerhalb des Teams.

VERWEISE:
→ Teambuilding **(67)**
→ Organisation **(26)**
→ System **(72)**
→ Kommunikation **(13)**
→ Integration **(4)**

34 Wunder von Bern

Die Fußballhistorie lebt in Geschichten.

Mit dem »Wunder von Bern« wird der überraschende Gewinn des Weltmeistertitels 1954 im Berner Wankdorf Stadion vor 60 000 Zuschauern durch die deutsche Fußballnationalmannschaft beschrieben. Das Wunder selbst teilte sich in verschiedene kleine Teilwunder auf und hatte eine historische Bedeutung für den deutschen Fußball.

Das erste Wunder bestand darin, dass die deutsche Mannschaft nach einem 0:2-Rückstand gegen einen scheinbar übermächtigen Gegner aus Ungarn das Spiel noch zu einem 3:2-Erfolg drehen konnte. Das zweite Wunder war, dass die ungarische Nationalmannschaft, die zuvor über vier Jahre ungeschlagen und mit großen Stars der damaligen Zeit gespickt war, bezwungen werden konnte. In der Vorrunde gab es gegen den gleichen Gegner noch eine derbe Niederlage.

Das größte Wunder war und ist aber, dass dieser historische und für unmöglich gehaltene WM-Gewinn neun Jahre nach dem Ende des Zweiten Weltkrieges stattgefunden hat. Viele interpretieren diesen WM-Titel als Symbol und zweite Geburtsstunde der Bundesrepublik Deutschland und als Meilenstein für den danach startenden Wiederaufbau und die positive wirtschaftliche Entwicklung in den Jahren danach.

Die Helden von Bern genießen heute noch besondere Verehrung. Um das damalige Spiel ranken sich viele Mythen. Unter anderem konnte die deutsche Mannschaft dem regnerischen »Fritz Walter-Wetter« besser trotzen als die Ungarn, da zum ersten Mal eine von Adi Dassler entwickelte Schraubstollenkonstruktion unter den Schuhen eingesetzt wurde, die das Rutschen verhinderte und für einen besseren Stand im regentiefen Boden sorgte.

Wie in allen erfolgreichen Mannschaften waren in der deutschen Mannschaft einige Eigenschaften gut ausgeprägt. Es gab eine klare Hierarchie in der Mannschaft mit Fritz Walter als Chef der Mannschaft, dem alle bedingungslos folgten. Das Team war körperlich fit und hatte eine hohe Motivation. Sepp Herberger als Trainer hatte ein sensibles

Gespür für die Spieler und stellte seine Mannschaft taktisch geschickt ein. Das Wunder von Bern ist das Paradebeispiel dafür, wie die Außenseiterrolle erfolgreich genutzt werden kann. Herberger prägte dafür den Satz »Wenn der Außenseiter mal im Sattel sitzt, reitet er auch«.

VERWEISE:
→ Elf Freunde müsst ihr sein **(33)**
→ Favorit – Außenseiter **(41)**
→ Taktik **(46)**
→ Vorbild **(1)**

35 Rituale – Aberglaube

Rituale vermitteln Sicherheit.

Ein »Ritual« ist eine nach einem festen Ablauf gleichartig durchgeführte Handlung mit einem hohen symbolischen Wert für den Ausführenden. Rituale finden im Fußball oft Anwendung. Die Rituale selbst sind häufig ohne Sinn. Ihre Bedeutung liegt darin, dass das Zurückgreifen auf vorgefertigte Handlungsanweisungen Sicherheit, Halt und Orientierung verleiht. Rituale innerhalb von Gruppen vermitteln Gemeinschaft und stärken das Zusammengehörigkeitsgefühl. Rituale zwischen Menschen sorgen für Handlungs- und Entscheidungsentlastung, da vieles durch Rituale strukturiert ist.

Auch im Fußball findet dies statt oder wird in den Handlungsanweisungen vorgeschrieben. Das Händeschütteln und Abschreiten des Gegners gehört zu diesen Ritualen, ebenso das Händeschütteln nach Auswechslungen. Durch Begrüßungsrituale werden neue Spieler schneller integriert. Im Teambuilding sind Rituale, die Anerkennung oder Unterwerfung symbolisieren, wichtige Faktoren, um physische Auseinandersetzungen zu minimieren.

Rituale verändern sich und können sich neu entwickeln. So sind die Rituale jugendlicher Fußballspieler zur Begrüßung und beim Torerfolg differenzierter geworden und werden zum Teil von der Werbewirtschaft aufgenommen und über Vorbilder reproduziert. Die kommerzialisierten Rahmenbedingungen von Sportereignissen sind voll von Ritualen. Rituale für den Spieler selbst sollten akzeptiert werden, sofern sie niemanden stören und nicht von der Handlung und Leistung ablenken beziehungsweise diese schmälern. Wer nach jedem Torerfolg oder vor dem Betreten des Platzes ritualisierte Handlungen mehrmals durchführen muss, sollte daher an seiner Konzentrationsfähigkeit arbeiten. Ebenso kann ein Spiel ohne ein bestimmtes Schmuckstück ausgeführt werden, sofern der Schiedsrichter oder die Regel dies vorsieht. Ein Spiel kann grundsätzlich in jeder Trikotfarbe und mit jedem Ball gewonnen werden, denn Glück und Zufall spielen im Fußball immer eine Rolle.

Rituale sollten den Spielablauf nicht stören, sondern vor oder nach dem Spiel statt finden.

VERWEISE:
→ Integration **(4)**
→ Teambuilding **(67)**
→ Kommunikation **(13)**

Torwarte und Linksaußen

Torwarte und Linksfüßer sind wichtige Elemente eines Teams.

Jede Mannschaft besteht aus verschiedenen Spielertypen. Gerade aus der Unterschiedlichkeit der Individuen ergeben sich oft Potenziale. Schwierige Typen gibt es in jeder Mannschaft. Diese gilt es zu integrieren. Prinzipiell kann ein schwieriger Typ jede Position in der Mannschaft einnehmen. Eine Mannschaft kann nur einen Torwart auf dem Feld haben. Dieser ist anders gekleidet als seine Mannschaft und trägt im Sommer Handschuhe und manchmal eine Mütze. Der Torwart trägt auf seiner Position hohe Verantwortung und trainiert dafür oft ohne die Mannschaft. Sieg oder Niederlage werden häufig an der Leistung und Person festgemacht. Dies stellt eine besonders hohe psychische Belastung dar. Deshalb neigen Persönlichkeiten mit stärkerer Ausprägung einzelner Eigenschaften leichter dazu, Torwart zu werden oder sich als Torwart durchzusetzen.

Eine weitere Position im Fußball, der häufig eine besondere Wahrnehmung zuteilwird, ist die Position des Linksaußens beziehungsweise des offensiven linken Mittelfeldspielers oder Angreifers. Der Anteil von Linksfüßern oder Linkshändern ist im Spitzensport höher als in der Gesamtbevölkerung. In den Sportarten, in denen der Gegner beobachtet werden muss, um eigene Reaktionen zu planen, ist der Anteil von links ausgerichteten Akteuren noch größer.

Rechtsfüßer sind üblicherweise eher an anderen Rechtsfüßern orientiert und haben mit der starken linken Seite des Gegners häufig mehr Probleme. Es spielt keine Rolle, ob die Linksfüßer auf der rechten oder linken Spielfeldseite eingesetzt werden. Ihr Vorteil bleibt auf beiden Seiten erhalten.

Bei Linkshändern und Linksfüßern ist eine bessere Raumverarbeitung durch die dominante rechte Gehirnhälfte mit der verbundenen besseren Einschätzung von Bewegungsabläufen von Vorteil. Entscheidend für die besondere Bedeutung ist also nicht die Position des Spielers, sondern die Seitigkeit der Füße. Ab welcher Anzahl von Linksfüßern in einem Team sich dieser Vorteil eventuell als Nachteil erweisen kann, ist ungeklärt.

VERWEISE:
→ Technik **(45)**
→ Taktik **(46)**
→ Koordination **(52)**
→ Selbstvertrauen **(19)**

37 Kick and Rush

Kick and Rush spielen alle zurückliegenden Teams zu Ende eines Spiels.

Der englische Begriff »Kick and Rush« stammt aus dem Fußball und bedeutet frei übersetzt »schießen und stürmen«. Bezeichnet wird eine offensive Taktik, bei der der Ball aus der Verteidigung hoch und weit nach vorn in den gegnerischen Strafraum geschlagen wird, um einen schnellen Abschluss zu erreichen. Scheinbar veraltet wird diese Spielweise bei einem Rückstand heute fast überall zum Ende eines Spiels eingesetzt, um irgendwie noch zum Torerfolg zu kommen. Von Vorteil ist das schnelle Überbrücken des Mittelfeldes. Nachteilig wirkt sich das unkontrollierte Spiel in die Spitze aus, das zudem leichter für die Defensive zu verteidigen ist.

In England wurde diese Spielvariante in nationalen Wettbewerben deutlich häufiger angewandt, da sie spektakulär, zweikampforientiert und schnell ist. Zweikampf- und kopfballstarke, große Spielertypen dominierten diese Spielweise. International hat sich diese Taktik als ineffizient erwiesen und ist schließlich auf den Britischen Inseln dem Passspiel mit wenigen Kontakten zur Überbrückung des Mittelfeldes gewichen.

Geblieben ist in England der Gedanke des schnellen vertikalen Spiels. Zudem hat die Internationalisierung des Fußballs mit Spielern, Trainern und internationalen Wettbewerben hier zu einer Annäherung der Spielwiesen geführt. Englische Teams dominieren in den letzten Jahren die europäischen Wettbewerbe mit einer Vielzahl von Teilnehmern in den letzten Runden. Von daher ist die häufig abwertend gemeinte Charakterisierung eines Kick-and-rush-Stils bei englischen Teams heute nicht mehr angemessen.

Für Teams, die spielerisch eher schlecht, dafür mit schnellen, zweikampfstarken Spielern ausgestattet sind, ist das Kick and Rush ein eher geeignetes System, da es einen großen Überraschungseffekt birgt, großen Druck ausüben kann und Mannschaften, die vor allem in der Abwehr kopfballschwach sind, durchaus vor größere Probleme stellen kann.

VERWEISE:
→ Taktik **(46)**
→ Konter **(80)**
→ Zweikampf **(58)**

38 Der Ball ist rund

Der Ball ist rund und wird runder.

Aus der Tatsache, dass der Spielball rund ist, entsteht der Reiz des Spielgerätes. Die Beschaffenheit des Balles, seine Form und sein Druck bedingen viele Eigenschaften. Früher wurden Bälle aus Lederstücken gefertigt und hatten eine Schweinsblase in sich. Heute sind sie vollsynthetisch und aus wenigen Stücken geklebt. Bälle können rollen, springen und fliegen. Zudem muss das Spielobjekt eine bestimmte Position auf dem Feld erreichen, um als Torerfolg anerkannt zu werden.

Die Sportartikelindustrie tüftelt weiter an der Beschaffenheit der Bälle, und vor großen Turnieren kommen neue Entwicklungen auf den Markt. Die heutigen Bälle sind im Vergleich zu früheren Modellen wesentlich leichter und formbeständiger. Dadurch werden höhere Schussgeschwindigkeiten und andere Flugeigenschaften möglich.

Ein Grund für die Weiterentwicklung der Bälle ist es, die Attraktivität der Spiele durch eine höhere Anzahl von Toren zu erhöhen. Leidtragende sind die Torhüter, die vor schwierigere Situationen gestellt werden. Die Spieler müssen sich umstellen: Spieler mit einer weniger guten Technik kommen mit den neuen Bällen nicht so gut zurecht, da diese Modelle sensibler reagieren, weniger technische Fehler verzeihen.

Die Beschaffenheit des Balles führt demnach dazu, dass der Zufall eine nicht unwesentliche Rolle im Fußball spielt. Jeder Kontakt des Balles – ob mit einem Körperteil, dem Boden oder dem Tor – kann seine Flugeigenschaften ändern. Dies gilt auch für den Widerstand durch die Luft. Bälle können überraschend ihre Flugbahn verlassen, um dem Widerstand der Luft zu entweichen. Dabei spielen die Schussgeschwindigkeit und die Oberflächenbeschaffenheit eine Rolle. Tendenziell werden die Bälle runder und glatter.

Weitere Einflussfaktoren für die Fluggeschwindigkeit, die Kraftübertragung und die Flugeigenschaften sind die Art und der Ort des Ballkontaktes. Ob mit der Pike oder dem Spann geschossen wird, hat physikalische Konsequenzen. Beides kann im Fußball sinnvolle Anwendung finden, ebenso der Dropkick oder der aufspringende Ball.

Der Luftwiderstand für einen »realen« Fußball

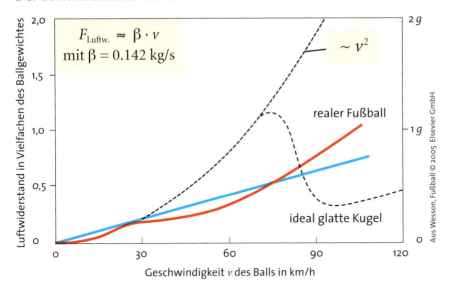

Spieler sollten vielseitige Erfahrungen mit den physikalischen Konsequenzen ihrer Ballkontakte sammeln, um später »Bananenflanken« oder »Flatterfreistöße« anwenden zu können.

VERWEISE:
→ Zufall, Glück und Pech **(39)**
→ Technik **(45)**
→ Torwarte und Linksaußen **(36)**

39 Zufall, Glück und Pech

Der Zufall spielt mit.

Wenn ein Ereignis nicht begründet erklärbar ist und unvorhergesehen anders eintritt, sprechen wir von einem »Zufall«. Verwandte Begriffe sind Unberechenbarkeit und Unvorhersagbarkeit. Der Fußballsport ist voller Zufälle und unvorhersehbaren Ereignissen. Deshalb ist er ein ideales Betätigungsfeld für Sportwetten. Im Fußball ist kein Ereignis oder Ergebnis sicher vorherzusagen. Von daher muss der Zufall eine Rolle spielen. Bei der geringen Anzahl von Toren, die ein Fußballspiel entscheiden, ist es fatal, hier den Zufall zu vermuten. Diese Sichtweise würde ganze Trainings- und Taktikphilosophien ad absurdum führen. Untersuchungen belegen, dass bis zu zwei Fünftel aller erzielten Tore durch Zufälle bedingt sind. Diese Zufälle differenzieren sich in abgefälschten Bällen, Abprallern vom Tor in Richtung Angreifer, Innenpfosten- oder Lattenunterkantentreffer, Torwartberührung oder Sichtbehinderung des Torwarts und Eigentore. Ein Grund für die Unwägbarkeit des Spiels und dem großen Einfluss des Zufalls liegt sicher darin begründet, dass das Spielobjekt Ball nur mit dem Fuß gespielt werden darf und rund ist. Hier sind die Fehlerquellen wesentlich größer als bei Sportarten, bei denen der Ball mit der Hand gespielt werden darf. Es dürfte demnach im Fußball gar nicht von Ballbesitz gesprochen werden. Das Zählen der Kontakte ergibt mehr Sinn. In anderen Ballsportarten werden diese Kontakte als nicht so dominant gewertet. Die Ballbesitzzeit schließt zudem die Strecke von Spieler zu Spieler mit ein, obwohl der Ball evtl. direkt gespielt und gar nicht »besessen« wird. Im Fußball kommen spielentscheidende Ereignisse vor dem Tor wesentlich seltener vor als in anderen Ballsportarten. Je weniger Tore beziehungsweise Punkte in einem Spiel erzielt werden und zur Entscheidung führen, umso größer ist der Einfluss des Zufalls zu bewerten. Gerade diese Störungen oder Zufallseinflüsse machen den Fußballsport aus. Nach einer amerikanischen Studie ist Fußball die am meisten störanfällige Spielsportart – gefolgt von Baseball, Eishockey, Basketball und American Football. Die Tendenz zum Einfluss von Zufall scheint im Spitzenfußball rückläufig zu sein, was durch eine stärkere taktische Ordnung im Defensivverbund begründet zu sein scheint. Tore durch Zufall fallen verstärkt zum Ende eines Spiels, wenn diese taktische Ordnung und Disziplin aus verschiedenen Gründen vernachlässigt wird. Trainingsmethodisch müssten die Erkenntnisse dazu führen, dass weniger schematische Spielzüge oder Abläufe trainiert, sondern Wege gefunden werden, die häufig zu tornahen Situationen führen, um dem Zufall eine Chance zum Assist zu geben.

VERWEISE:
→ Taktik **(46)**
→ Der Ball ist rund **(38)**

40 Heimvorteil

Der Heimvorteil muss nicht von Vorteil sein.

Der »Heimvorteil« ist ein wissenschaftlich nicht belegbarer Vorteil und muss für einzelne Mannschaften differenziert betrachtet werden. Eine großangelegte Studie untersuchte die Heimspielstatistik in den großen europäischen Ligen seit 1963 und kam zum Ergebnis, dass der Heimvorteil seit den 90er Jahren kontinuierlich abgenommen hat und heute de facto statistisch keiner mehr ist. Als Ursache wird zum einen die heutzutage geringere Anzahl an geschossenen Toren genannt und zum anderen die zunehmende Leistungsdichte in den Ligen. Bei Weltmeisterschaften scheint im Rahmen eines Turniers und der Unterstützung einer ganzen Nation dieser Heimvorteil noch bedingt zu bestehen. Evolutionsforscher haben bei Heimteams höhere Hormonausschüttungen festgestellt als beim Auswärtsteam, da es gilt, das eigene Revier zu verteidigen. Ob dies ein Vorteil ist, ist nicht belegt, zumal eine zu hohe Aggression und Anspannung eine kontraproduktive Wirkung für das eigene Spiel haben kann. Die Zuschauer, der »Zwölfte Mann«, spielen die entscheidende Rolle. Neben der positiven Beeinflussung und lautstarken Unterstützung der eigenen Mannschaft wird der Gegner beeindruckt. Ebenso lässt dieser Effekt den Schiedsrichter bei seinen Entscheidungen nicht ganz unbeeinflusst. Einen Foulelfmeter gegen die Heimmannschaft vor 70 000 lautstarken Fans zu pfeifen, bedarf einer stabilen Persönlichkeit. Der hohe Erwartungsdruck einer großen Kulisse kann eine Heimmannschaft zu stark unter Druck setzen, sodass die erwartete Leistung nicht erbracht werden kann. Im Amateurbereich ist der Heimvorteil von entscheidender Bedeutung, vor allem wenn es sich um ein wenig standardisiertes Spielfeld handelt. Das Einstellen auf einem schlecht bespielbaren Untergrund oder das Verhalten auf einem kleinen Spielfeld oder auf Kunstrasen sind von den Auswärtsmannschaften meist schlechter zu lösen als vom Heimteam, das diese Gegebenheiten kennt. Für den Trainer sollten die äußeren Umstände eines Spiels mit in die Entscheidung einfließen, wie stark er sein Team vor einem Spiel motivieren muss oder eventuell bremsen muss und welche Art von Taktik sinnvoll ist.

VERWEISE:
→ Aggression **(21)**
→ Fans **(6)**

Favorit – Außenseiter

Jeder Trainer trainiert lieber den Favoriten.

Fußballspiele haben eine Vor- und eine Nachgeschichte. Beide stimmen nicht mit dem Ergebnis oder Spielverlauf überein. Statistisch müsste die Mannschaft Favorit auf den Ausgang des Spiels sein, die ihr letztes Spiel gewonnen hat. Das dies nicht so ist, liegt am Zufall und der fehlenden Konstanz. Manchmal liegen die Vorbedingungen vor einem Spiel für die beiden Teams so weit auseinander, dass einer Mannschaft eindeutig die Favoritenrolle zuerkannt wird und die andere automatisch zum Außenseiter wird. Hier wird quasi im Voraus der Ausgang des Spiels abgeschätzt. Diese eindeutige Rollenverteilung tritt zum Beispiel ein, wenn im Pokalwettbewerb unterklassige Amateurteams gegen Profimannschaften spielen. Ein forsch offensiv auftretender Außenseiter kann manchen Favoriten überraschen. Häufig werden diese Spiele erst zum Ende des Spiels entschieden, wenn die Kräfte des Außenseiters nachlassen. Außenseiterrollen können erfolgreich genutzt werden, da wenig Erwartungsdruck auf den Mannschaften liegt. Wenn das Spiel lange offen bleibt oder dem Außenseiter ein Tor gelingt, wird es für den Favoriten oft schwer werden, sein Konzept umzusetzen, da der Faktor Zeit gegen den Favoriten spielt. Sepp Herberger hat diesen Umstand mit dem Zitat »Wenn der Außenseiter mal im Sattel sitzt, reitet er auch« gekennzeichnet. Historisches Beispiel für das Ausnutzen der Außenseiterrolle ist der WM-Gewinn der deutschen Fußballnationalmannschaft 1954 gegen den großen Favoriten Ungarn.

Trainer müssen ihre Mannschaften auf alle möglichen Situationen vorbereiten, damit sie im Spiel darauf reagieren können. Die Außenseiterrolle wird manchmal freiwillig von Trainern fürs eigene Team proklamiert, damit der Erwartungsdruck nicht so groß wird.

VERWEISE:
→ Selbstvertrauen **(19)**
→ Elf Freunde müsst ihr sein **(33)**

Auch die Außenseiterrolle kann zum Sieg führen, was die WM 1954 eindrucksvoll bestätigte.

42 Trainingsplanung

Ohne Trainingsplanung ist keine Leistungsentwicklung möglich.

Training ist ein geplanter, systematischer Prozess mit dem Ziel der Leistungsverbesserung. Diese Planung kann unterschiedlich lange Zeiträume beanspruchen. Langfristige Planung könnte sich über eine komplette Karriere eines Sportlers, also mehrere Jahre erstrecken. Aber einzelne Jahresetappen, Wochen oder Teile innerhalb einer Trainingseinheit können und sollten geplant sein. Da Leistung nicht linear gesteigert werden kann, sondern entsprechende Pausen eingelegt werden müssen, wird Training in Zyklen unterschiedlicher Dauer geplant, um zum gewünschten Zeitpunkt eine gute Leistung erbringen zu können.

Trainingsplanung in einzelnen Sportarten kann unterschiedlich sein, je nach Sportart und Wettkampfhäufigkeit.

Für den Fußballsport ist eine übliche Differenzierung dafür an den Spielplan einer Saison angelehnt. Der Verband legt die Spieltermine und den Saisonbeginn und das Saisonende und die dazwischenliegenden Spieltage fest. Dazu kommen Pokalspiele und eventuell noch Turniere oder Spiele im Winter. Der Trainer plant sein Training anhand dieser Termine für diese Saison, um möglichst erfolgreich zu spielen. Vor der Saison wird üblicherweise eine mehrwöchige Vorbereitungsphase durchgeführt, um konditionelle Grundlagen im Ausdauer- und Kraftbereich zu schaffen. Die Intensität des Trainings ist in der Vorbereitungsphase meist höher durch eine Mehrzahl an Trainingseinheiten. Es besteht die Gefahr der Überlastung, wenn die Intensität in den Einheiten noch zu hoch ist. Neben den konditionellen Eigenschaften muss der Trainer seine Mannschaft taktisch so vorbereiten, dass im ersten Wettkampfspiel eine gute Leistung möglich ist. Zwischen den in der Regel wöchentlichen Punktspielen plant der Trainer die Trainingswoche, um auf das nächste Spiel vorzubereiten. Im Winter folgt eine zweite Vorbereitungsphase, die auf die Rückrunde vorbereitet. Unterbrochen wird dieser Rhythmus durch etwaige Pokalspiele, Hallenturniere und trainingsfreie Zeit.

Trainingsplanung im Fußball als Mannschaftssport ist differenzierter als in einer Einzeldisziplin mit weniger Wettkämpfen. Allerdings sind die Wirkungen des Trainings nicht direkt erkennbar, da im Fußball mehr Faktoren für den Erfolg auf dem Feld ausschlaggebend sind und sich diese gegenseitig kompensieren können. Ein bärenstarker Teamgeist oder ein Heimvorteil mit vielen unterstützenden Zuschauern können gegenüber anderen Faktoren wie Schnelligkeit oder Defensivverhalten in einem oder mehreren Spielen den Ausschlag zum Sieg geben. Die Aufgabe des Trainers ist es, gerade in dieser komplexen Leistungsstruktur des Fußballs Schwerpunkte für sein Team zu erkennen und konsequent daran zu arbeiten. Dies gelingt mit der detaillierten Trainingsplanung und Trainingsdokumentation besser und lässt Rückschlüsse auf Leistungszugewinne durch Training transparenter erscheinen. Moderne Medien wie Zeichnungsvorlagen oder Softwareprogramme erleichtern dem Trainer hier die Arbeit enorm.

VERWEISE:
→ Überlastung **(88)**
→ Crosstraining **(60)**
→ Regeneration **(92)**
→ Entspannung **(93)**

43 Methodik

Die Vermittlungsform ist abhängig von Inhalt und Zielgruppe.

Die »Methodik« beschäftigt sich mit der optimalen Vermittlung von Trainingsinhalten. Es geht also um das WIE des Trainings, um welche Trainingsübung, mit welchem Inhalt und welcher Anordnung.

Dabei existieren verschiedene Ansätze der Vermittlung von Trainingszielen: von komplexen Arbeiten mit der Spielmethode bis hin zu methodischen Übungsreihen, die zuerst einzelne Teilbewegungen erarbeiten und diese zusammensetzen. Jede Methode kann im Fußballtraining ihre berechtigte Anwendung finden.

Eine hilfreiche Definition, die vor allem die Trainereinschätzung und Trainerkompetenz einbezieht, ist von Rieder und Schmidt aus dem Jahr 1980. Die Methodik ist demnach das Abschätzen von Möglichkeiten, im geplanten Lernen von sportlichen Fertigkeiten, Fähigkeiten und Handlungen den nächstmöglichen Lernschritt richtig, schnell und sicher zu vollziehen.

Zu den klassischen methodischen Richtlinien gehören: vom Leichten zum Schweren, vom Bekannten zum Unbekannten, vom Einfachen zum Komplexen. Die Auswahl der Methoden ist abhängig vom Übungsinhalt, dem Niveau der Trainierenden, der Organisationsform und den Zielen sowie dem Schwierigkeitsgrad.

Da die Inhalte im Fußballtraining aus den Bereichen Technik, Taktik, Kondition vielfältig sind, ist die methodische Herangehensweise mannigfaltig. Eine der grundlegenden Fragen, die die Methodik betrifft, ist die Verbesserung der Grundlagen beziehungsweise der fußballspezifischen Ausdauer. Es müssen die grundlegenden Ausdauerfähigkeiten isoliert mit Lauftraining erarbeitet werden, oder es ist möglich, diese genauso gut mit Spielformen zu trainieren. Hierzu existieren viele Trainermeinungen, die unterschiedlich sind. Beide Formen lassen sich begründen und beide Formen können funktionieren. Die Frage, ob nun eine Mannschaft besser Fußball spielt, weil sie gute Ausdauerfähigkeiten in Spielformen erarbeitet hat oder mit reinem Lauftraining, bleibt trotzdem offen.

Eine der wichtigsten methodischen Aufgaben des Trainers besteht darin, dem Fußballer Techniken und Bewegungsabläufe oder taktisches Verhalten situationsnah beizubringen. Seine Aufgaben hängen stark mit der Art von Fußballern zusammen, die er trainiert. Eine D-Juniorenmannschaft der Kreisklasse muss sicher andere Inhalte mit anderen Methoden vermittelt bekommen als eine Bundesligamannschaft. Wie der Trainer seine Inhalte vermittelt, obliegt seiner Entscheidung und fordert sein methodisches Geschick, zumal psychologische Mechanismen zu berücksichtigen sind.

Ohne Spaß ist kein Lernen möglich. Diese lernpsychologische Theorie muss beachtet werden.

Allgemeine methodische Grundsätze sollten zwar zum Repertoire des Trainers gehören, aber nicht die Maxime seines Handelns sein, zumal neuere Lernvermittlungsstrategien wie das differenzielle Lernen diese infrage stellen. Die methodische Vielfalt im Fußball ist so groß wie die Anzahl an Trainern, die glauben, richtig zu trainieren. Wichtig scheinen das Spiel und die Anwendung von Techniken und Taktiken in spielnaher Umgebung zu sein. Darauf und an das Trainingsniveau angepasste Vermittlungsformen sollte Trainingsplanung ausgerichtet sein, um erfolgreich zu sein.

VERWEISE:
→ Differenzielles Lernen **(62)**
→ Technik **(45)**
→ Taktik **(46)**
→ Trainingsplanung **(42)**

Didaktik

Die Inhalte des Fußballtrainings entwickeln sich stetig voran und Fortbildung ergibt Sinn.

»Didaktik« im engeren Sinn beschäftigt sich mit den theoretischen Grundlagen des Unterrichts, im weiteren Sinne mit dem Lehren und Lernen. Das ist eine Situation, die für einen Trainer im Trainingsbetrieb typisch ist.

Dabei geht es in der Didaktik des Fußballs, im Gegensatz zur Methodik, um das WAS. Was muss ein Trainer seiner Mannschaft vermitteln? Was ist notwendig, welche Inhalte und Konzepte sind nötig? Der Trainer orientiert sich an seinen eigenen Vorstellungen und Erfahrungen sowie der gängigen Lehrmeinung, die sich von Zeit zu Zeit ändern kann. Wurde früher das Grundlinienspiel als besonders bedeutsam angesehen, sind es heute eher die Flanken aus dem Bereich zwischen Mittellinie und Strafraum, die Erfolg versprechend sind. War früher eine mannbezogene Deckung modern, ist es heute die Raumdeckung. Ein weiteres Beispiel ist der Einsatz eines Liberos oder der Viererkette. Wird eine Mannschaft wie Griechenland 2004 mit Libero Europameister, wundert sich die Fachwelt darüber, warum eine antiquierte Spielweise erfolgreich sein kann.

Vor allem internationale Vergleiche und die Analyse großer Turniere bringen wieder neue Tendenzen hervor. Nicht alle didaktischen Konzeptionen von internationalen und nationalen Verbänden haben die gleichen Richtlinien. So wird Fußball in Brasilien, in den Niederlanden und in Deutschland durchaus mit unterschiedlichen didaktischen Richtlinien in den Trainerfortbildungen kommuniziert.

Didaktische Kenntnisse sind für den Trainer wichtig. Erfahrung kann hier viel kompensieren. Dass eine Mannschaft ohne einen Trainer mit Trainerschein Weltmeister werden kann, ist vor allem in Deutschland bekannt.

VERWEISE:
→ Trainingsplanung **(42)**
→ Methodik **(43)**

Kindgerechtes Training ist immer wieder Inhalt aktueller Diskussionen um den Nachwuchsfußball.

45 Technik

Technik ist ein wichtiger Leistungsbaustein und muss durch Wiederholung geübt werden.

Sportwissenschaftlich definiert, bezeichnet sportliche »Technik« eine erprobte, zweckmäßige und effektive Bewegungsfolge zur Lösung einer definierten Aufgabe in Sportsituationen: also zum Beispiel eine Flanke zu schlagen oder einen Ball unter Kontrolle zu bringen. Technik im Fußball ist grundsätzlich die Anwendung von besonderen Methoden, Prinzipien, einzeln oder in Kombination, um bestimmte Wirkungen zu erzielen. Zusammen mit der Kondition und Taktik ist die Technik eine der klassischen Leistungskomponenten, um erfolgreich zu sein. Ohne Technik kann der Ball nicht kontrolliert werden, und taktische Handlungen sind unmöglich. Ebenso ist es nicht möglich, ohne konditionelle Grundlagen die Technik dauerhaft beziehungsweise unter erhöhtem Zeit- und Gegnereinfluss zu realisieren. Die Komponenten sind also eng miteinander verknüpft und sollten deshalb im Training so oft wie möglich zusammen trainiert werden.

Eine Technik im Fußball ist zweckgerichtet im Rahmen einer Bewegungsaufgabe oder einer zielgerichteten Handlung zu sehen. Technische Fertigkeiten müssen im Training erlernt, geübt und stabilisiert werden. Sie sind in verschiedene Phasen zu differenzieren:

Im Technikerwerbstraining werden neue technische Fertigkeiten erlernt und automatisiert. Das Erlernen von Variationen einer Technik und deren situationsspezifische Anwendung finden im Technikvariationstraining statt. Das Anpassen von Fertigkeiten an Umweltbedingungen wie Gelände, Raum und Zeit wird Technikanpassungstraining genannt, und im Technikabschirmungstraining werden Fertigkeiten stabilisiert, um mit Gegnerdruck oder Ermüdung besser fertig zu werden.

Im Fußball sind nach dem Erlernen von Techniken im Juniorenalter komplexe Techniktrainingsformen besser geeignet, da wettkampfnah trainiert werden kann. Dazu bedarf es der Festlegung der Ziele des Techniktrainings, was zu durchaus unterschiedlichen Methoden in der Vermittlung führen kann.

Allgemein lässt sich feststellen, dass zunehmend den Bewegungstechniken ohne Ball vermehrt Bedeutung gewidmet wird, indem zum Beispiel im Functional Training Ganzkörperkontrolle und Stabilität trainiert werden. Ohne eine gute Gesamtkoordination ist das Ausführen fußballspezifischer Techniken stark erschwert oder unmöglich.

VERWEISE:
→ Funktionelles Training **(57)**
→ Differenzielles Lernen **(62)**
→ Methodik **(43)**

46 Taktik

Taktik ist die beste Möglichkeit des Trainers auf das Spielgeschehen auszuüben.

Unter »Taktik« versteht man das planmäßige, auf eigene und gegnerische Leistungsfähigkeit und die äußeren Umstände abgestellte Verhalten in einem Einzel- oder Mannschaftswettkampf. Es geht also um das Verhalten des Einzelnen und der Gruppe.

Im individualtaktischen Bereich geht es vor allem um das Verhalten des Spielers in einer Eins-gegen- Eins-Situation, offensiv oder defensiv. Im Bereich der Mannschaftstaktik steht als Organisationsrahmen ein Spielsystem im Vordergrund, im Rahmen dessen die Aufgaben der Spieler im Mannschaftsverbund beschrieben werden und festgelegt sind. Ebenso festgelegt wird das Verhalten bei Standardsituationen wie Eckball oder Freistoß.

Taktik ist im höheren Leistungsbereich die ausschlaggebende Komponente. Vor allem hier unterscheiden sich die Mannschaften stark voneinander, da gute Teams durchweg über konditionell und technisch hervorragend ausgebildete Spieler verfügen. Im Rahmen der Mannschaftstaktik und der verbundenen Spielphilosophie hat der Trainer wesentlichen Einfluss auf die Mannschaft.

Grundlegend muss differenziert werden in Offensive (eigener Ballbesitz) und Defensive (gegnerischer Ballbesitz). Für beide Situationen gibt die Mannschaftstaktik Verhaltensregeln für alle Spieler vor. Je besser diese gesamtmannschaftliche Verhaltensweise funktioniert, umso eher wird die Taktik erfolgreich sein. Soll zum Beispiel in der Defensive Druck auf den Ballbesitzer ausgeübt werden, funktioniert dies nur, wenn alle in der Nähe des Balls gezielt mitarbeiten, da ansonsten kein Druck auf den Ballbesitzer entstehen kann. Das taktische Verhalten der Spieler muss schnell abrufbar sein, da sich die Grundsituation Ballbesitz oder Ballverlust schnell ändern kann. Im Unterschied zu technischen Fertigkeiten handelt es sich bei der Taktik um kognitive Fähigkeiten, die eng mit der Wahrnehmung gekoppelt sind.

Der Trainer entwirft nach der Analyse der Situation eine Taktik für die Mannschaft. Er besetzt die Positionen seines Systems mit Spielern und beschreibt das Verhalten in Offensive und Defensive. Es sind viele Faktoren zu berücksichtigen: Qualität der eigenen und der gegnerischen Mannschaft, Veränderungen des Spielstandes und der Spielzeitpunkt. Weitere Faktoren wie Tabellenplatz, Liga- oder Pokalspiel, Heim- oder Auswärtsspiel, Überzahl, Unterzahl und viele weitere Faktoren fließen in diese Entscheidung mit ein und müssen mitunter innerhalb eines Spiels variiert werden.

Die taktische Leistungsfähigkeit einer Mannschaft lässt im Verlaufe eines Spiels durch die körperliche und psychische Belastung deutlich nach und kann vom Trainer nur noch schlecht kontrolliert werden. Eine Option sind Ergänzungsspieler, die taktisch neu eingestellt und körperlich ausgeruht ins Spiel kommen. Im Fußball hat der Trainer im Vergleich zu anderen Sportarten, in denen es häufigere Pausen gibt, nur in der Halbzeit die Möglichkeit, taktisch neu einzustellen.

VERWEISE:
→ System **(72)**
→ Zeitschinden **(82)**

47 Kondition

Konditionelle Grundeigenschaften sind Basis, um Fußball spielen zu können.

Der Begriff der Kondition ist einer der am häufigsten verwandten Begriffe im Fußballsport. Vor allem, wenn es um deren scheinbaren Mangel geht oder wenn Kritik an der Fitness eines Teams gegen Ende eines Spiels geübt wird.

Kondition ist ein Sammelbegriff für konditionelle motorische Grundeigenschaften wie Kraft, Ausdauer, Schnelligkeit und Beweglichkeit, also Fähigkeiten, die hauptsächlich energetisch determiniert sind.

Die konditionellen Fähigkeiten sind demnach als Leistungen im Hinblick auf energetische Prozesse zu betrachten. Während die limitierenden Faktoren im Bereich der koordinativen Fähigkeiten auf der Ebene der Signalverarbeitung im sensomotorischen System angesiedelt sind, sind die limitierenden Faktoren im Bereich der konditionellen Fähigkeiten den Energie liefernden und umsetzenden Prozessen des Stoffwechsels zuzuordnen.

Realisiert und nach außen hin kenntlich gemacht werden diese energetischen Eigenschaften durch die Realisierung von Bewegungsfertigkeiten oder durch die Sportart spezifischen Techniken. Kondition und Technik sind untrennbar miteinander verbunden.

Andere Definitionen von Kondition geben an, dass eine Leistung über einen möglichst langen Zeitraum durchgehalten werden kann und setzen dafür den Begriff der »psychophysischen Ermüdungswiderstandsfähigkeit« ein. Hierbei spielt die Psyche beziehungsweise der Wille, eine Leistung lange zu erbringen, eine dominante Rolle. Im Sport treten konditionelle Unterschiede vor allem in den Einzeldisziplinen mit Ausdauer oder Schnelligkeitscharakter wie Marathonlauf oder 100-Meter-Sprint zutage. Wer hier konditionell besser ist, gewinnt in der Regel den Wettkampf.

Im Fußball ist dieser Zusammenhang nicht ganz so stark, da es andere Leistungskomponenten wie Technik und Taktik gibt. Nicht immer gewinnt die Mannschaft, die die bessere Kondition hat. Zumal setzt sich eine Mannschaft aus elf verschiedenen Individuen zusammen, die alle eine unterschiedliche Kondition haben können. Immer wieder stellt sich dem Trainer die Frage, wie die Kondition zu trainieren ist. Isoliert mit Lauftraining oder in spielnahen Formen?

Mittlerweile hat sich diagnostisch eingebürgert, die Laufleistung eines Spielers oder einer Mannschaft zu ermitteln. Hohen Laufleistungen wird unterstellt, dass betreffende Spieler besonders leistungsfähig beziehungsweise ausdauernd hin. Das ist nicht so, die räumliche Aufteilung des Laufweges, das Geschwindigkeitsverhalten und die Ballkontakte ergeben erst in der Gesamtbeurteilung ein Bild über die Leistungsfähigkeit des Spielers. Mannschaften, die viel Laufleistung zeigen, können diese eingesetzt haben, um Passwege zu öffnen oder weil sie schlichtweg ohne Ball dem Ball hinterhergelaufen sind.

VERWEISE:
→ Kraft **(48)**
→ Ausdauer **(51)**
→ Beweglichkeit **(54)**
→ Trainingsplanung **(42)**
→ Koordination **(52)**
→ Koordinative Fähigkeiten. **(53)**

48 Kraft

Kraft ist im Fußball wichtig und sollte komplex mit funktionellem Training erarbeitet werden.

Kraft ist ein Begriff der Mechanik und bezeichnet eine physikalische Größe. Im sportlichen Bereich spricht man von Kraft als eine Arbeitsweise der Muskulatur. Dabei werden verschiedene Kraftfähigkeiten unterschieden. Mit Maximalkraft wird die willkürlich maximal aufzubringende Kraft eines oder mehrerer Muskeln bezeichnet. Beispiele für Maximalkraft ist das Bankdrücken oder die Tiefkniebeuge, wobei jeweils mit Gewichtslast gearbeitet wird. Schnellkraft bezeichnet die möglichst schnelle Entfaltung von Kräften wie im 100-Meter-Sprint oder beim Hochsprung.

Und die Kraftausdauer bezeichnet das möglichst lange oder häufige wiederholen von Kraftleistungen wie im Rudern. Muskuläre Kräfte treten nie isoliert auf, sondern in Kombination miteinander. Je nach Ausübung und Anforderung einer Sportart bilden sich spezifische Anpassungen heraus beziehungsweise ergeben sich Trainingsziele. Die intramuskuläre Koordination optimiert die Reizleitungen innerhalb eines Muskels und die intermuskuläre Koordination optimiert das Zusammenspiel von mehreren Muskeln innerhalb einer Bewegungsaufgabe. Beides sind koordinativ bedingte Anpassungen, die der Sensomotorik zuzuordnen sind. Äußerlich erkennbares Ergebnis ist eine qualitativ verbesserte Bewegung. Für diese Mechanismen finden sich biologische Grenzen in der Bewegungssteuerung. Eine andere Möglichkeit der Kraftoptimierung ist der Kraftzuwachs durch Hypertrophie, also Muskeldickenwachstum. Hierbei kommt es durch intensives Training mit Gewichten zu einer vermehrten Einlagerung von Baustoffen in den Muskelzellen, und deren Querschnitt wird dadurch vergrößert. Bestes Beispiel dafür sind Bodybuilder. Inwieweit ein Muskeldickenwachstum der Verbesserung einer sportlichen Leistung zuträglich ist, ist eine Entscheidung des Trainers beziehungsweise des Athleten.

Im Fußball ist ein gutes Kraftniveau des ganzen Körpers unumgänglich. Zum einen, um gegen Verletzungen einer Wettkampfsportart mit Gegnerkontakt geschützt zu sein, zum anderen, um hohe Leistungsfähigkeit über die gesamte Spielzeit erbringen zu können. Fußball fordert vom Athleten ein hohes Niveau an Ausdauerfähigkeit, gute Schnellkraftleistung mit hoher Wiederholungszahl und eine robuste Gesamtkörperkonstitution. Das Training der Kraft muss also differenziert geplant werden, da Optimierungen in einem Bereich, z. B. der Maximalkraft, nachlassende Leistungen in anderen Bereichen zum Beispiel der Ausdauerleistungsfähigkeit mit sich bringen können.

Durch funktionelle Trainingsübungen mit dem eigenen Körpergewicht lassen sich sportartspezifisch solche Kraftfähigkeiten erarbeiten. Dabei steht eine Gesamtbewegung mit einer koordinativen Anforderung im Vordergrund. Unser Gehirn denkt bei muskulären Kraftleistungen in Bewegungen. Von daher sind an Geräten mit Gewichten erarbeitete Kraftfähigkeiten schwieriger in die Sportart zu transferieren.

Sportartspezifische Kraftanpassungen durch Bewegungen beinhalten das Risiko muskulärer Dysbalancen, die durch funktionelles Training aufgefangen werden können.

VERWEISE:
→ Kondition **(47)**
→ Ausdauer **(51)**
→ Schnelligkeit **(50)**
→ Funktionelles Training **(57)**

49 Plyometrie

Plyometrisches Training ist hochwirksam, setzt aber bereits vorhandene Bewegungskontrolle voraus.

Plyometrisches Training ist Sprungtraining beziehungsweise Sprungkrafttraining. Es findet also eine Flugphase in der Ausführung statt. Dabei kann es das Springen nach oben, nach unten oder über etwas sein. Hierbei handelt es sich um eine effektive Trainingsform zur Verbesserung der Schnell- beziehungsweise Sprungkraft. Verbesserungen finden vor allem im koordinativen Bereich der intra- und intermuskulären Koordination statt.

Dabei wird der muskuläre Dehnungsreflex, der durch das Auftreffen des Fußes nach der Flugphase besonders intensiv ist, ausgenutzt. Optimiert werden nicht nur die kontraktilen Elemente, sondern Elemente das gesamte neuromuskuläre System. Diese explosiv, reaktive Trainingsform ist hochintensiv und sollte nur von koordinativ und athletisch ausreichend vorbereiteten Sportlern durchgeführt werden.

Der schnelle Wechsel von exzentrischer und konzentrischer Arbeitsweise der Muskulatur schickt hohe Reize an den aktiven und passiven Bewegungsapparat. Die Belastungen sollten demnach nur in ausgeruhtem, erwärmtem Zustand mit entsprechend langen Pausen zwischen den Übungen durchgeführt werden. Für Anfänger bedeutet dies zwei bis drei Serien von sechs bis acht Sprüngen und eine Serienpause von zwei bis drei Minuten. Ausschlaggebend für den Erfolg dieser intensiven Trainingsform ist maximale Kraftentfaltung, was nur mit hoher Konzentration und Motivation möglich ist. Neben dem Muskel ermüdet das gesamte neuromuskuläre System, was zu Einbußen in der Koordination führt.

Für den Fußballer ist plyometrisches Training unabdingbar, da Sprint- und Sprungfähigkeiten gut ausgeprägt sein müssen. Neben den Schnellkraftleistungen ist die Schnellkraftausdauer im Training mit zu berücksichtigen, da Fußballer diese Schnellkraftleistungen in hoher Zahl während eines Spiels ausführen müssen. Ein Sprinter hat im Wettkampf einen einzigen maximalen Lauf. Ein Fußballer hat bis zu 30 maximale, unterschiedlich lange Sprints zu absolvieren, bei denen häufig noch Richtungswechsel eingebaut werden müssen. Ein Athletiktrainer kann hier wertvolle Hilfe in der Praxis sein. Ebenso ist ein entsprechendes Equipment mit Hürden etc. hilfreich.

VERWEISE:
→ Kraft **(48)**
→ Koordination **(52)**
→ Ausdauer **(51)**
→ Schnelligkeit **(50)**
→ Regeneration **(92)**

50 Schnelligkeit

Schnelligkeit ist stark genetisch determiniert und beinhaltet zwei Komponenten.

Schnelligkeit gehört wie Ausdauer, Kraft, Beweglichkeit zu den motorischen Grundeigenschaften und konditionellen Fähigkeiten im Sport. Bei sportlichen Bewegungen besteht die Fähigkeit, auf einen Reiz beziehungsweise auf ein Signal mit Bewegungen so schnell wie möglich zu reagieren. Die Schnelligkeit ist die motorische Grundeigenschaft, die am stärksten genetisch determiniert ist und durch Training nicht so stark zu steigern wie die anderen Eigenschaften. Ein Zugewinn an 10 Prozent Schnelligkeit kann einen enormen Vorteil im Sport bringen. Schnelligkeit hat limitierende biologische Faktoren: die Geschwindigkeit der Reizleitung der Nerven und die intramuskulären Faktoren.

Wesentliche Differenzierung der Schnelligkeit ist die Unterteilung in Aktionsschnelligkeit und Reaktionsschnelligkeit. Als Aktionsschnelligkeit ist ein Sprint zu sehen, mit Reaktionsschnelligkeit, dem schnellen Reagieren nach Aufnahme eines spezifischen Reizes, in der Fußballpraxis das schnelle Reagieren beim Ballverlust auf Defensive.

Beide Komponenten sind im Fußball von wichtiger Bedeutung und werden meist kombiniert trainiert. Das schnelle Reagieren bringt einen starken Aktionsvorteil, der bei kurzen Strecken entscheidend ist. Je länger die Laufstrecke wird, desto stärker kommt die Bewegungsschnelligkeit zur Entfaltung. Schnelligkeitstraining sollte ähnlich wie plyometrisches Training nur in ausgeruhten, erwärmten Zustand und mit entsprechend langen Pausen durchgeführt werden. Es ist eine Kombination dieser beiden Trainingsmethoden im Training sehr sinnvoll, da man sich der komplexen Wettkampfsituation stark annähern kann. Der Abschluss mit einem Torschuss ist hier kombinierbar. Schnelligkeitstraining sollte in jedem Training durchgeführt werden. Je nach Akzentuierung und Trainingsphase muss zwischen Schnelligkeits- und Schnelligkeitsausdauertraining differenziert werden, da beide unterschiedlich lange Regenerationszeiten beanspruchen. In der Praxis wird die über die Wiederholungsanzahl und die Streckenlänge gesteuert.

Einer der schnellsten Spieler mit Ball: Arjen Robben.

VERWEISE:
→ Plyometrie **(49)**
→ Aufwärmen **(55)**
→ Regeneration **(92)**

51 Ausdauer

Ausdauer ist primär eine Leistung des Herz-Kreislauf-Systems und bezieht sich auf die Energiebereitstellung bei unterschiedlichen Intensitäten.

Ausdauer ist eine weitere motorische Grundeigenschaft, die durch das Herzkreislaufsystem bewerkstelligt wird. Jede Bewegung, die wiederholt oder über einen längeren Zeitraum ausgeführt werden soll, braucht dahinterliegende energetische Prozesse, die die dafür benötigte Energie bereitstellen. Diese energetischen Prozesse zu optimieren, ist Ziel des Ausdauertrainings, vor allem die Sauerstoffaufnahmefähigkeit zu optimieren.

Im Bereich der Ausdauer gibt es viele Differenzierungen. Die Differenzierung in aerobe und anaerobe Ausdauer beziehungsweise Energiebereitstellung ist am hilfreichsten für die Trainingspraxis im Fußball. Die Differenzierung bezieht sich darauf, ob eine entsprechende Leistung noch mit ausreichend Sauerstoff erbracht werden kann, was dann sehr lange möglich ist, oder ob nicht ausreichend Sauerstoff vorhanden ist, was zu schnellerer Ermüdung und zum Abbruch der Leistung führen würde. Beide Formen der Energiebereitstellung finden im Fußball Anwendung.

Zum Training der Ausdauer haben sich einige Trainingsmethoden etabliert, die unterschiedliche Anpassungen provozieren sollen. Die Dauermethode zielt primär auf grundlegende Eigenschaften des Herz-Kreislauf-Systems ab. Trainiert wird die Grundlagenausdauer über einen längeren Zeitraum mit geringer Intensität: eine Trainingsform, die beim Fußball nur in der Vorbereitungsphase und im Regenerationsbereich nach Wettkämpfen ihre Anwendung findet, da sie zeitintensiv ist. Mit der Intervallmethode, also dem Wechsel von hoher und geringer Belastung in bestimmter zeitlicher Abfolge, nähert man den Trainingsinhalt der Belastungsstruktur des Wettkampfspiels stark an. Deshalb ist dies eine bevorzugte Methode im Fußballtraining, die sich mit Spielformen trainieren lässt.

Ausdauer ist die Fähigkeit, eine bestimmte Belastung über eine möglichst lange Zeit aufrechterhalten zu können – ohne vorzeitig körperlich beziehungsweise geistig zu ermüden.

In rein ausdauerbestimmten Sportarten wird versucht, diese Mechanismen durch Doping zu optimieren. In einer multifaktoriell bestimmten Sportart wie Fußball hätte dies nur begrenzt Sinn und widerspräche in jeder Hinsicht dem Fair Play-Gedanken sowie dem Schutz der Gesundheit.

VERWEISE:
→ Kondition **(47)**
→ Trainingsplanung **(42)**
→ Regeneration **(92)**
→ Doping **(9)**
→ Fair Play **(5)**

52 Koordination

Eine gute Koordination erleichtert das Erlernen und Ausführen von Bewegungen.

Mit »Koordination« wird das Zusammenwirken von Zentralnervensystem und ausführender Muskulatur im Rahmen eines Bewegungsablaufes bezeichnet. Koordination ist ein allgemeiner Begriff, der viele weitere Unterkategorien subsumiert. Dazu gehören die intra- und intermuskuläre Koordination und die Differenzierung in einzelne koordinative Fähigkeiten. Zum Ausdruck kommt die Koordination im Vollzug von sportartspezifischen Bewegungen.

Das Training der Koordination beziehungsweise der koordinativen Fähigkeiten spielt im Fußballtraining eine große Rolle. Vor allem im Nachwuchsbereich sollte Koordination als Voraussetzung für spätere Leistungen intensiv und vielseitig geschult werden. Gut ausgeprägte koordinative Grundlagen ermöglichen das schnellere und bessere Erlernen neuer Bewegungen. Zusätzlich spart eine gute Koordination Kraft, da man die Bewegung ökonomischer und länger ausführen kann. Hier liegt der Bezug zu den konditionell geprägten Eigenschaften, die alle auf der Basis einer guten Koordination besser ausgeführt werden können.

Jede Form von Techniktraining kann als Training der Koordination interpretiert beziehungsweise begründet werden. Trotzdem ist es möglich, die entsprechenden koordinativen Grundlagen mit anderen und allgemeineren Inhalten zu erarbeiten. Koordination ist eng mit dem Thema Techniktraining verbunden, da die koordinativen Fähigkeiten erst in der technischen Fertigkeit ihre Anwendung finden.

In der Trainingspraxis des Fußballs findet das Training der Koordination vor allem als Laufkoordination statt und ist stark an der Laufbewegung der Leichtathletik orientiert. Da Fußball ein Sport ist, der starke multidirektionale Kraftübertragungen, zum Beispiel beim Schießen hat, sollte der Bereich der Rumpfkraft (Core Stability) stärker beachtet werden. Hier bieten sich Inhalte des Functional Trainings an, die komplex koordinative Elemente mit Kräftigung des Rumpfes verbinden.

VERWEISE:
→ Kondition **(47)**
→ Kraft **(48)**
→ Koordinative Fähigkeiten **(53)**

Koordinative Fähigkeiten

Koordinative Fähigkeiten sind Leistungsvoraussetzungen, die nicht direkt nach außen sichtbar werden.

Die »Koordinativen Fähigkeiten« sind als Leistungen im Hinblick auf informationsverarbeitende Prozesse betrachtet. Dabei bewirken sie, dass die Impulse innerhalb eines Bewegungsablaufs perfekt aufeinander abgestimmt werden und die entsprechenden Muskeln erreichen. Sie regeln vor allem die Bewegungssteuerung und bestimmen die effektive sportliche Leistung wesentlich. Sie sind also Leistungsvoraussetzungen. Es handelt sich um generalisierte oder spezialisierte Fähigkeiten, deren Niveau von der natürlichen Veranlagung und dem Trainingsstand des Einzelnen abhängt und sich bei verschiedenen Sportarten und körperlichen Anforderungen unterschiedlich darstellen können. Sie sind von den konditionellen Fähigkeiten zu trennen und betreffen die Bewegungssteuerung.

Zu den Koordinativen Fähigkeiten werden die Reaktionsfähigkeit, die Gleichgewichtsfähigkeit, die Orientierungsfähigkeit, die Differenzierungsfähigkeit und die Rhythmisierungsfähigkeit gezählt. Im erweiterten Sinn zählen komplexere Fähigkeiten wie die Anpassungs- und Umstellungsfähigkeit, die motorische Lernfähigkeit und die Kopplungsfähigkeit zu den Koordinativen Fähigkeiten.

Das Modell der Koordinativen Fähigkeiten hilft nur in Teilaspekten des sportlichen Trainings weiter. Für den Fußballsport sollte vor allem die sportartspezifische Ausprägung einer oder mehrerer Fähigkeiten in der Trainingspraxis Beachtung finden. Reaktionsfähigkeit mit anschließender motorischer Aktion ist sicher sinnvoller als einen Handstand zur Verbesserung des Gleichgewichts zu üben. Rhythmisierung ist allenfalls bei Dribbelübungen von Vorteil, bei denen die Abstände konstant sind, was im realen Spiel sicher nicht so häufig der Fall sein dürfte. Anpassungs- und Umstellungsfähigkeit wird durch das Fußballspiel mit seinen vielen Veränderungen von Spielrichtung, Änderung des Ballbesitzes und unvorhergesehenen Ereignissen extrem benötigt und geschult.

VERWEISE:
→ Koordination **(52)**
→ Stretching **(56)**
→ Schnelligkeit **(50)**
→ Differenzielles Lernen **(62)**
→ Ausdauer **(51)**

54 Beweglichkeit

Beweglichkeit beschreibt die Bewegungsweite einer Bewegung und besteht aus Gelenkigkeit und Dehnfähigkeit.

»Beweglichkeit« gehört wie die Kraft, die Ausdauer und die Schnelligkeit zu den motorischen Grundeigenschaften und nimmt eine Sonderstellung ein. Sie beschreibt die Fähigkeit, Bewegungen mit der erforderlichen Schwingungsweite ausführen zu können. Die Beweglichkeit ist abhängig von der Gelenkigkeit und der muskulären Dehnfähigkeit. Das Ausmaß der Beweglichkeit hängt von verschiedenen Faktoren ab, die innerhalb und außerhalb des Körpers liegen können: der durch das Training beeinflussbaren Dehnfähigkeit der Muskulatur und der kaum beeinflussbaren Gelenkstrukturen.

Sportwissenschaftlich wird differenziert in aktive und passive Beweglichkeit. Unter aktiver Beweglichkeit versteht man die Bewegungsweite, die der Fußballer selbst erreichen kann. Mit passiver Beweglichkeit wird die Bewegungsweite beschrieben, die der Fußballer durch sein eigenes Körpergewicht oder durch Krafteinwirkung von außerhalb, zum Beispiel einem Trainingspartner, erreichen kann.

Manche Sportarten sind geprägt von beweglichen Sportlern. Dazu zählen u. a. Turnen, Tanz und Yoga. Im Fußball ist die Beweglichkeit nicht ohne Bedeutung, da vor allem Lauf- oder Schussbewegungen bei einer guten Beweglichkeit harmonischer vonstattengehen und eine gute Dehnfähigkeit der Muskulatur zu weniger muskulären Problemen führt. Eine gute Koordination geht häufig mit guter Beweglichkeit einher. Die gute intra- und intermuskuläre Koordination fördert die Beweglichkeit.

Im Training des Fußballers sollten vor allem dynamische Beweglichkeitsübungen ihren Platz finden, um die Bewegungsweite der Bewegungen zu erhalten und sportartspezifisch zu dehnen. Ebenso sollten vor allem Muskeln, die durch das Fußballspiel eher zur Verkürzung neigen, regelmäßig gedehnt werden. Dazu zählen vor allem die hintere Oberschenkelmuskulatur und die Hüftbeugemuskeln. Dehnungen, vor allem dynamische, sollten nur in aufgewärmtem Zustand erfolgen, da erst dann die Viskosität des Bindegewebes möglich ist.

VERWEISE:
→ Stretching **(56)**
→ Aufwärmen **(55)**
→ Technik **(45)**
→ Koordination **(52)**

55 Aufwärmen

Aufwärmen erfüllt vielfältige Zwecke und erhöht die Leistungsfähigkeit zu Beginn.

Das »Aufwärmen« vor dem Training oder Spiel hat allgemein die Aufgabe, den Spieler physisch und psychisch auf die darauf folgende Aktivität vorzubereiten. Ein gezieltes Aufwärmen erhöht leicht die Körperkerntemperatur. Aufwärmen erfüllt verschiedene Funktionen. In erster Linie wird die organische Leistungsfähigkeit durch eine Aktivierung des Herz-Kreislauf-Systems gesteigert. Die psychische Leistungsbereitschaft steigt im Idealfall an. Durch vielfältige Bewegungen wird die Bewegungskoordination- und Steuerung optimiert. Alle genannten Funktionen vereinen sich im Ziel der Verletzungsprophylaxe.

Zu den gängigen Inhalten des Aufwärmtrainings einer Fußballmannschaft gehören leichte Laufübungen und das Bewegen der großen Muskelgruppen. Durch die verbundene Aktivierung des Herzkreislaufsystems wird erst die Voraussetzung für das Erbringen körperlicher Leistungen geschaffen. Die Muskeln gleiten danach besser in ihren Bindegewebshüllen, und das Herzkreislaufsystem reagiert schneller auf Belastung. Im Fußball sollte diese Phase nicht zu lange dauern und dynamische Tempo- und Richtungsänderungen beinhalten. Das Aufwärmtraining kann zum Teil mit dem Ball erfolgen. Zum Ende der Erwärmung sollten kurze Sprints und dynamisches Dehnen ausgeführt werden. Bei der Vorbereitung zu einem Wettkampfspiel sollten positionsspezifische Aktivitäten eingebaut werden, um den Spieler optimal auf seine kommenden Aufgaben und Bewegungen vorzubereiten. Ein kurzes Abschlussspiel in begrenztem Raum bereitet die Spieler psychisch auf die anstehende Wettkampfsituation vor.

Ideal eignen sich Übungen des Functional Trainings für das Aufwärmprogramm, da hierbei der gesamte Organismus im Rahmen einer Ganzkörperbewegung koordinativ gut vorbereitet wird.

Faktoren, die die Dauer des Aufwärmens beeinflussen können, sind u. a. die Außentemperatur, der Ermüdungszustand und der Grad der Aktivierung des Sportlers.

Mobilisation für Fortgeschrittene – zentraler Inhalt des Aufwärmens.

VERWEISE:
→ Prävention **(99)**
→ Stretching **(56)**
→ Funktionelles Training **(57)**

56 Stretching

Regelmäßiges richtiges Dehnen verbessert die Leistungsfähigkeit.

Die englische Bezeichnung für Dehnen oder Dehngymnastik ist »Stretching« und hat sich im Sprachgebrauch eingebürgert. Stretching wird vor allem für die statisch gehaltene Dehnform benutzt. Dehnen ist eine Trainingsform, bei der Muskeln in bestimmten Positionen unter Zug gebracht werden. Ziel ist eine Verbesserung der Beweglichkeit mit den Faktoren muskuläre Dehnfähigkeit und Gelenkigkeit. Damit verbunden sind sportartspezifische und konditionelle Verbesserungen sowie eine Verletzungsprophylaxe und die bessere Regenerationsfähigkeit. Dehngymnastik hat in der Physiotherapie schon lange einen hohen Wert in der Behandlung von muskulären Dysbalancen, um Muskelverkürzungen zu beheben und nach Verletzungen Sportler wieder schneller herzustellen.

Die Formen der Dehnung oder des Stretchings im Fußball sind immer wieder in der Diskussion. Wurde früher traditionell federnd gedehnt, galt Mitte der 80er Jahre diese Form der Dehnung plötzlich eher als schädlich, da reflektorische Anspannungen der beteiligten Muskeln die Wirkung verhindern würden. Empfohlen wurde deshalb statisches Dehnen, also Stretching. Darauf folgend, wurden Dehnformen entwickelt, die vor oder parallel zur Dehnung eine zusätzliche Kontraktion des Muskels forderten, um eben diese reflektorischen Reize zu integrieren. Es entstand eine differenzierte Betrachtung der Dehntechniken für den Fußballsport, bei der nicht nur der zu dehnende Muskel, sondern das komplette Zusammenspiel aller beteiligten Strukturen und Systemen integriert wurde.

In der momentanen Praxis hat sich folgendes Prozedere bewährt. Nach einer kurzen Aufwärmphase sollten über maximal 10 bis zwanzig Sekunden lang aktiv dynamische Dehnungen durchgeführt werden – wie zum Beispiel das Beinschwingen im Stand. Diese aktiven Dehnungen können zum Ende des Aufwärmens noch einmal kürzer und intensiver durchgeführt werden. Statisches Dehnen vor dem Wettkampf hat eher negativen Einfluss auf die Entfaltung von schnellen

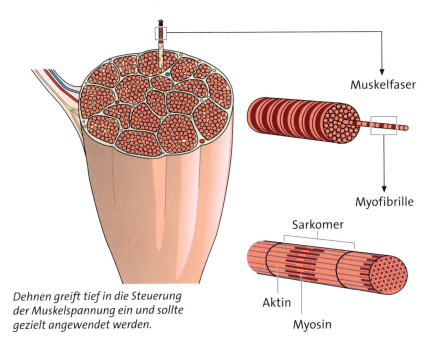

Dehnen greift tief in die Steuerung der Muskelspannung ein und sollte gezielt angewendet werden.

Krafteigenschaften, was zu Beginn des Spiels nötig ist. In ausreichendem Abstand zum Spiel von mindestens 30 Minuten kann eine sanfte statische Dehngymnastik durchgeführt werden, um Regenerationsmechanismen zu unterstützen. Beim Muskelkater ist Dehngymnastik nicht angebracht, da es sich um winzige Muskelverletzungen handelt, die erst ausheilen müssen. Dehngymnastik ist ein wichtiger Teil des Trainings und der Wettkampfvorbereitung und sollte deshalb vor allem individuell geplant und konsequent regelmäßig durchgeführt werden, um Verbesserungen zu erzielen. In der Fußballpraxis ist dies selbst im höchsten Leistungsbereich nur Wunschdenken.

VERWEISE:
→ Aufwärmen **(55)**
→ Kraft **(48)**
→ Schnelligkeit **(50)**
→ Beweglichkeit **(54)**
→ Trainingsplanung **(42)**

57 Funktionelles Training (Functional Training)

Funktionelles Training ist als athletisches Basistraining für Fußballer wertvoll.

Der Ursprung des funktionellen Trainings liegt in den Ansätzen der Ergotherapie und der Physiotherapie und war auf die Rehabilitation nach Verletzungen beziehungsweise Behinderungen beschränkt. Erste Ansätze dazu wurden zu Beginn des 20. Jahrhunderts erarbeitet und finden in der Arbeitsmedizin Beachtung (Ergonomie). Funktionelles Training ist also keine neue Erfindung, sondern erlebt wieder unter anderen Gesichtspunkten und Annäherungen eine Renaissance in der Öffentlichkeit.

Das heute vor allem in den USA stark verbreitete Training erweitert das klassische funktionelle Training auf den athletischen Leistungsbereich und findet konsequenterweise in der Prävention Anwendung. Beim funktionellen Training werden einfache gymnastische Übungen und komplexere Bewegungen ausgeführt, bei denen nicht einzelne Muskeln arbeiten, sondern die Muskeln im Sinne einer Bewegungsaufgabe Funktionen erfüllen müssen. Der einzelne Muskel ist ein Instrument in einem Orchester (kinetische Muskelkette). Ziel ist die Optimierung der Bewegung. Diese Form des Trainings kommt der Alltagsbewegung (Sport) am nächsten und bereitet deshalb am besten vor. Falsche Bewegungsmuster werden korrigiert. Durch die komplexe Belastung ist die individuelle Beanspruchung höher als bei normalem Training. Die Bewegungsübungen können spezifisch auf die Anforderungen des Fußballers ausgerichtet werden und bereiten optimal auf den Wettkampf und seine fußballspezifischen Belastungen vor. Dabei können die athletischen, konditionellen und koordinativen Basiseigenschaften jeder Sportart individuell optimiert werden. Funktionelles Training kann im Fußballtraining zur spezifischen Erwärmung oder als eigener Baustein zur athletischen Grundausbildung eingesetzt werden. Erst auf dieser Basis lässt sich die fußballspezifische Kondition aufbauen, ohne mit Überlastungsbeschwerden, die im Fußball häufig anzutreffen sind, zu rechnen. Funktionelles Training legt größten Wert auf Gleichgewicht (Balance), Rumpfstabilität (Core), Gelenkstabilisierung (Propriozeption) und auf die Kontrolle des gesamten Bewegungsablaufs einer Übung. Haupttrainingsmittel ist der eigene Körper. Zusätzlich können kleine, intelligente Physio Tools wie FLEXI-BAR®, XCO®-Trainer oder Gummibänder Anwendung finden. In der Praxis wird funktionelles Training meist von Fachtrainern mit besonderer Ausbildung geleitet und bleibt somit den meisten Fußballern in kleineren Verein vorenthalten. Dabei könnten viele Vorteile genutzt werden:

Fußballspezifische Vorbereitung des Körpers für Training und Wettkampf, später einsetzende wettkampftypische Ermüdung, prophylaktische Wirkung gegen Überlastungsbeschwerden, verringerte Verletzungsanfälligkeit und bessere Körper- und Spielkontrolle

VERWEISE:
→ Aufwärmen **(55)**
→ Überlastung **(88)**
→ Prävention **(99)**

Zweikampf

Zweikampftraining ist ein Basisbestandteil jeden Fußballtrainings und hat mehrere Aspekte.

Zweikampftraining gehört zu den elementarsten Inhalten eines Fußballtrainings. Nicht ohne Grund werden die gewonnenen Zweikämpfe statistisch erfasst und eine enge Beziehung zum Spielausgang hergestellt. Nicht immer gewinnt der Spieler, der körperlich robuster ist, einen Zweikampf. Neben rein physischen Voraussetzungen, die einem Spieler Vorteile verschaffen können wie zum Beispiel die Körperhöhe beim Kopfball, ist das individualtaktische Verhalten ausschlaggebend für eine gute Zweikampfbilanz.

Zweikampftraining findet statt, wenn ein Spiel im Training absolviert wird. Zusätzlich gibt es Übungen, die das eins zu eins schulen. Häufig werden diese Übungen mit hoher Intensität beziehungsweise über einen relativ langen Zeitraum trainiert, sodass eine hohe körperliche Belastung entsteht. Sofern die körperliche Komponente hier das Ziel sein soll, was meist so ist, ist das zu akzeptieren. Individualtaktisch werden sich die Spieler kaum verbessern. Zu einem guten Zweikampfverhalten gehören verschiedene Aspekte, die größtenteils koordinativ und nicht energetisch bestimmt sind. Zweikämpfe kommen zustande, wenn der Ball nicht im Besitz eines Spielers ist oder wenn ein Spieler das Zweierduell sucht. Im ersten Fall geht es um die Einschätzung der Situation, wann der Ball wo sein wird und wie der Spieler es bewerkstelligt, ihn als Erster zu spielen beziehungsweise zu kontrollieren. Sofern ein anderer Spieler das vorhat, gilt es dies zu berücksichtigen. Hierbei gibt es nicht die Einteilung in offensiv und defensiv, da noch keiner den Ballbesitz hat. Bei Zweierduellen, bei denen ein Spieler versucht, einen anderen auszuspielen, ist die Situation anders, da der Ballbesitzer den Aktionsvorteil hat. Diesen gilt es, durch geschicktes Verteidigen oder durch Abwehrfinten zu kompensieren.

Zweikampfführung hat mit Entschlusskraft und Durchsetzungsvermögen zu tun. Zögernde Spieler werden selten Zweikämpfe gewinnen. Insgesamt gilt es, die Spieler psychologisch darauf einzustimmen.

Die Abgrenzung zwischen Foulspiel und Fair Play ist im Zweikampfspiel allgegenwärtig.

VERWEISE:
→ Fair Play **(5)**
→ Foulspiel **(83)**
→ Schiedsrichter **(79)**
→ Sportverletzung **(94)**

59 Beidfüßigkeit

Beidfüßigkeit kann trainiert werden, wichtiger ist es, nicht nur auf eine Seite fixiert zu sein.

Jeder Spieler hat zwei Füße, und bei den allermeisten sind diese unterschiedlich gut im Umgang mit dem Ball ausgeprägt. Ist das ein Problem für einen Spieler? Muss jedes Bein alles gleich gut können oder reicht eine Grundfertigkeit aus? Ein Hochspringer springt mit seinem stärkeren Bein ab, und Briefe schreibt niemand beidhändig. Je höher die Spielklasse, umso ausgeprägter sind die Fertigkeiten mit dem schwächeren Bein. Dies ist mit dem höheren Trainingsaufwand begründbar. Da es sich um eine technische, koordinativ geprägte Fertigkeit handelt, ist sie hochgradig trainierbar. Je mehr man es übt, umso besser wird es funktionieren. Häufig wir die Beidfüßigkeit schon von kleinen Fußballern gefordert, da sie sich in einem besonders lernsensiblen Alter befinden. Für Kleinkinder ist die Entwicklung einer Seitigkeit/Lateralisierung für die Entwicklung der Kreuz- und Feinkoordination auf Gehirnebene von entscheidender Bedeutung.

Grundsätzlich sollte in jedem Techniktraining auf das Durchführen von Übungen mit der schwächeren Seite Wert gelegt werden. Alle Techniken sollten in der Grobform mit beiden Beinen beherrscht werden. Als Praxistipp hierzu sollte man die Faktoren Spaß und Wettkampf dazu nehmen, da das Üben mit dem schwächeren Fuß meist ohne große Motivation durchgeführt wird. Wie wäre es mit einem Fußballspiel, bei dem der Ball nur mit dem schwächeren Fuß berührt werden darf? Hierbei wird erkennbar, dass es nicht nur um den Ballkontakt geht, der mit dem schwächeren Fuß ausgeführt wird, sondern dass die komplette Stellung des Körpers neu ausgerichtet werden muss und es eine Frage der Orientierung ist, die verbessert werden muss. In der Praxis finden sich Spieler, die eine extreme Bevorzugung eines Beines und erstaunliche Fertigkeiten entwickelt haben.

VERWEISE:
→ Technik **(45)**
→ Spaß **(16)**

Beidfüßige Technik bringt im Wettkampf große Vorteile.

60 Crosstraining

Crosstraining ist eine sinnvolle Variante, um das Training aufzulockern.

Mit »Crosstraining« werden Trainingsformen oder Inhalte bezeichnet, die nicht direkt aus dem Fußball stammen. Trainingsinhalte aus anderen Sportarten können von Zeit zu Zeit gezielt eingesetzt werden. Die Gründe dafür können vielfältig sein: ob im Sinne des Teambuildings eine Klettertour absolviert wird oder eine Trainingseinheit mit Ringern um das Thema Zweikampfverhalten neu zu entdecken ist. Durch Crosstraining ergeben sich eine Menge Vorteile. Zum einen verändert sich die Perspektive zu einigen Mitspielern, die man bisher nur aus dem Fußball kannte, und Themen, die es im Fußball gibt, werden neu und besser wahrgenommen, wenn man sie aus anderer Perspektive erlebt. Dieser Perspektivenwechsel ist eine angewandte Methode in der Psychologie. Neuen Inhalten wird erst mal mit Interesse und Motivation begegnet. Crosstraining soll und darf konditionell anspruchsvoll sein, sofern andere Muskeln beansprucht werden als im Fußballtraining. Dadurch kann der Trainingsumfang hochgehalten werden, ohne eine fußballspezifische Überlastung zu riskieren. Als Beispiel sei an eine Spinningstunde oder eine Rudereinheit im Rahmen der Vorbereitung gedacht. Eine weitere Funktion von Cross Training ist die Regeneration, und zwar physisch durch sanfte Bewegung als auch psychisch durch neue Wahrnehmungsreize. Dadurch entsteht häufig wieder Motivation, und die Basis für Kreativität wird erneuert. Häufig reicht ein Schwimmbadbesuch aus, um aus gestressten Kickern entspannte Fußballer zu machen. Manche Fußballer gehen heimlich zum Crosstraining, wenn sie nach Spielen in die Disco verschwinden, um zu entspannen. Mit diesem Verhalten handeln sie instinktiv richtig, um das entsprechende Maß zu finden und in den Trainingsplan des Trainers zu integrieren.

VERWEISE:
→ Differenzielles Lernen **(62)**
→ Regeneration **(92)**
→ Konzentration **(25)**
→ Spaß **(16)**
→ Life Kinetik **(61)**

61 Life Kinetik

Life Kinetik trainiert koordinative Fähigkeiten, die ein Fußballer gut brauchen kann.

»Life Kinetik« ist eine neuartige Trainingsform bei der Wahrnehmung und Bewegung miteinander gekoppelt werden, um bisher ungenutzte Potenziale im Gehirn zu erschließen. Diese Trainingsform wendet sich sowohl an Sportler als auch an Kinder, Senioren und Berufstätige. Positive Effekte werden in Bezug auf die Merkfähigkeit, Konzentrationsfähigkeit, Stressresistenz, Multitaskingfähigkeit, Problembewältigung, Organisation, Kreativität und sportliche Bewegung versprochen. Zudem soll der Übende durch das Training selbstbewusster und belastbarer werden. Das sind alles Eigenschaften, die ein Fußballer gut brauchen könnte. In der Praxis sollen durch spezielle koordinative Übungen neue Verbindungen zwischen Gehirnzellen und Gehirnarealen geschaffen werden. Automatisierungen von bestimmten Übungen sind nicht das Ziel, sondern das permanente Verknüpfen neuer Hirnareale über ständig wechselnde Bewegungsaufgaben gekoppelt mit kognitiven Zusatzanforderungen ist es. Emotional stehen das gemeinsame Erleben und die Freude an der Tätigkeit im Vordergrund. Da Fußball ein Sport ist, der in besonderem Maße von Wahrnehmungsfähigkeiten geprägt ist und die Fähigkeit, schnell auf neue Reize zu reagieren wichtig ist, erscheint Life Kinetik als Zusatztraining oder Crosstrainingsinhalt durchaus empfehlenswert zu sein. Einige Fußballbundesligisten und etliche Spitzensportler aus verschiedenen Disziplinen nutzen diese Trainingsform regelmäßig, zumal sie keinerlei körperliche Belastung darstellt und eine Stunde wöchentlich ausreichend ist. Es besteht ein enger Zusammenhang zum Thema koordinative Fähigkeiten, die im Fußball wichtig sind. Beim Life Kinetik-Übungsprogramm werden diese eher generalisiert als speziell angesprochen. Life Kinetik und differenzielles Lernen lassen sich gut als Lernmethode kombinieren, da sie eine ähnliche Zielsetzung haben, nämlich das Perfektionieren durch möglichst große Vielfalt zu erreichen.

VERWEISE:
→ Koordination **(52)**
→ Prävention **(99)**
→ Koordinative Fähigkeiten **(53)**
→ Crosstraining **(60)**
→ Differenzielles Lernen **(62)**

62 Differenzielles Lernen

Differenzielles Lernen ist eine moderne Lernmethode.

Mit »differenziellem Lernen« wird eine Lern- und Lehrmethode im Sport beschrieben, die im Gegensatz zum klassischen Lernen mit methodischen Übungsreihen und hohen Wiederholungszahlen eine Zielannäherung durch möglichst große Diskrepanz versucht. Grundlegend für das differenzielle Lernen ist die Variation der Bewegungen rund um die Zielbewegung. Grundannahme ist, dass es eine idealisierte reproduzierbare Bewegung von Menschen nicht gibt, wenn sie im Sport angestrebt wird. Durch die große Bewegungsvariation beim differenziellen Lernen kommt es beim Lernen am Unterschied zur Neubewertung von Fehlern in der Ausführung. Diese Fehler, die es traditionell beim Bewegungslernen zu minimieren gilt, werden bewusst in den Trainingsprozess aufgenommen und durch schwierigere Übungen provoziert.

Für den Fußballsport, bei dem durch die hohe Dynamik und die hohen koordinativen Anforderungen extreme Schwankungen in der Bewegungsausführung zu verzeichnen sind, ist das ein interessanter Ansatz. Weltklassespieler reproduzieren ihre Fertigkeiten unter annähernd jeder Bedingung im Spiel. Bei weniger guten Spielern kommt bei erschwerten Bedingungen im Spiel keine Bewegung mehr zustande. Im Fußballtraining müsste also nach diesem Standpunkt wesentlich mehr variiert werden und müssten Zusatzübungen bei der Ausführung von Techniken integriert werden, um an der vermutlich erst mal schlechteren Ausführung lernen zu können, um später bei wechselnden Bedingungen im Spiel die Zieltechnik gut reproduzieren zu können. Als Praxisbeispiel könnte das Ausführen eines Freistoßes genannt werden. Klassischerweise würde man die Bewegung wiederholen – in der Hoffnung, sie zu perfektionieren. Beim differenziellen Lernen würde man den Schützen einen ungeraden Laufweg oder eine Zusatzbewegung ausführen lassen.

VERWEISE:
→ Life Kinetik **(61)**
→ Technik **(45)**
→ Koordination **(52)**

63 Trainer

Die Rolle des Trainers ist eindeutig definiert und muss klar ausgefüllt werden.

Der »Trainer« ist im Fußball eine entscheidende Person. Vor allem im Amateurbereich muss er oft viele Aufgaben selbst ausfüllen: Trainer, Athletiktrainer, Torwarttrainer, Manager, Zeugwart, Marketingleiter, Organisator, medizinische und psychologische Betreuung, manchmal Busfahrer und vieles mehr. Je höher die Spielklasse, desto größer wird das Funktionsteam rund um den Trainer. Im professionellen Bereich sind diese Positionen durch spezialisierte Mitarbeiter besetzt. Trotzdem obliegt dem Trainer meistens die letzte Entscheidungsbefugnis, da er in letzter Instanz für Erfolg oder Misserfolg verantwortlich gemacht wird. Um diesen vielfältigen Anforderungen gerecht werden zu können, muss der Trainer neben guten Fachkenntnissen Managementqualitäten besitzen und ausgezeichnet kommunizieren können. Dies gilt umso mehr, je stärker sich eine Situation zu einer Krise entwickeln könnte, die mit einer Trainerentlassung endet. Der konstruktive Umgang mit Kritik, ein individueller Führungsstil und ein psychologisches Gespür für Probleme sind wichtige Erfolgsgaranten für einen Trainer.

An die Position des Trainers werden von allen Agierenden eindeutige Rollenerwartungen gerichtet, die er als Trainer und Mensch ausfüllen muss. Kommt es hier zu Unklarheiten aus Sicht der Mannschaft, sind Probleme vorprogrammiert, da der Trainer durch seine Position eindeutig determiniert ist und häufig ausschließlich am sportlichen Erfolg gemessen wird. Die Position des Trainers muss in alle Richtungen gestärkt sein. Er muss sich mit einem Vertrag gegenüber dem Verein absichern und der Verein darf die Position des Trainers nicht infrage stellen. Gegenüber der Mannschaft erreicht der Trainer seinen Respekt durch fachliche Kompetenz, faires Verhalten, eine hohe Integrität und durch vorbildliches Verhalten im Umgang mit allen Beteiligten.

Trainer mit klaren Vorstellungen: Felix Magath

VERWEISE:
→ Führungsstil **(70)**
→ Teambuilding **(68)**
→ Trainerentlassung **(65)**
→ Vorbild **(1)**
→ Krise **(10)**
→ Krisenmanagement **(71)**

64 Co-Trainer

Ein guter Co-Trainer muss sowohl für den Trainer als für die Mannschaft wichtige Funktionen erfüllen.

Im Fußball ist die Position des »Co-Trainers« eindeutig bestimmt und klassisch vorgegeben. Der Co-Trainer im Fußball hat neben der Position des Trainers, die er zum Teil ausfüllen muss, im Amateurbereich eine vermittelnde Position zwischen Team und Trainer. Im professionellen Bereich übernimmt der Co-Trainer eigenverantwortlich Aufgaben in der sportlichen Entwicklung der Mannschaft durch die Trainingsarbeit. Er bildet mit dem Cheftrainer zusammen ein Trainerteam. Sein Arbeitsvertrag ist häufig an die Laufzeit des Cheftrainers gebunden, das Einkommen wesentlich geringer, obwohl er in allen Bereichen die gleiche fußballerische Trainerqualifikation besitzen sollte. Im professionellen Bereich ist der Co-Trainer der besser qualifizierte der beiden. Trainer: Besondere Anforderungen werden an seine Loyalität und Integrität gestellt, da er den Informationsfluss in Richtung der Mannschaft aus Richtung der Mannschaft kontrollieren muss. Er kennt die Einstellung der Spieler und des Trainers. Nicht immer wird offen kommuniziert und die Wahrheit aus verschiedenen Gründen nur teilweise oder gar nicht angesprochen. Ein guter Co-Trainer kann hier frühzeitig Konflikte erkennen und durch geschickte Kommunikation entschärfen.

Häufig wird der Co-Trainer bei einer Trainerentlassung entweder mit entlassen oder als Interimstrainer oder Nachfolger eingesetzt. Dabei ändert sich für die Position des Co-Trainers einiges, weil sich die Rollenerwartung an seine neue Position zur vorherigen verändert. Nur Co-Trainer, die eine hohe persönliche Integrität und fachliche Eignung besitzen, können dieser neuen Anforderung gerecht werden.

Der Auswahl eines Co-Trainers sollte deshalb besondere Beachtung zugemessen werden. In der Praxis wählen meistens die Trainer ihre Co-Trainer aus. Einige Trainerteams sind über Jahre erfolgreich, andere arbeiten nur kurz zusammen. Es ist die Entscheidung des Vereins, die Position des Co-Trainers zu definieren und ihn auszuwählen.

VERWEISE:
→ Trainer **(63)**
→ Trainerentlassung **(65)**
→ Integrität **(30)**
→ Kommunikation **(13)**
→ Konflikt **(14)**

Trainerentlassung

Trainerentlassungen gehören zum Beruf des Trainers und zum System Fußball dazu.

Der Trainerberuf ist eine anerkannte Berufsausbildung, allerdings nur auf der Lizenzstufe des DFB-Fußballlehrers. Der Fußballtrainer hat einen befristeten Vertrag, und selbst dieser wird in der Regel häufiger gekündigt als verlängert. »Trainerentlassungen« finden mittlerweile fast inflationär statt, und in den Profiligen werden regelmäßig mehr Trainer in einer Saison entlassen, als dass das reguläre Vertragsende abgewartet wird. Die Ursachen hierfür liegen zum einen an der extrem dominanten Funktion des Trainers im System Fußballmannschaft und zum anderen in seiner alleinigen Verantwortung für den sportlichen Erfolg.

Trainerentlassungen sind der Höhepunkt einer Krise und finden häufig zum Ende einer Spielserie statt. Ziel ist es, mit einem neuen Trainer bessere Ergebnisse zu erzielen und nicht abzusteigen. Untersuchungen haben ergeben, dass Trainerentlassungen nur einen kurzfristigen Erfolg haben und demnach nutzlos sind. Einige Trainer haben sich als Spezialisten etabliert, Teams in einer Klasse zu halten. Mit dem gleichen Team über einen längeren Zeitraum erfolgreich zu sein, gelingt den wenigsten Trainern. Im Fachjargon hat sich dafür der Begriff des Trainerkarussells etabliert. Ein Trainerplatz wird frei und ein anderer Trainer, der gerade entlassen wurde, nimmt dessen Platz ein. Dies geht so weit, dass zwischen Entlassung in einem Verein und Vorstellung im neuen Verein manchmal nur ein Tag vergeht. Im alten Verein als Ursache für den Misserfolg entlassen und im neuen Verein als Heilsbringer bejubelt. Eine kuriose Situation, mit der ein Trainer sich erst mal identifizieren muss. Trainer, die lange im Trainerberuf arbeiten, durchlaufen eine beachtliche Anzahl von Vereinen. Ebenso gibt es Vereine, deren Trainerbänke als »Schleudersitz« bekannt sind, da die Verweildauer von Trainern dort kurz ist. Trainer, die lange in einem Verein arbeiten, sind die Ausnahme. Es liegt die Vermutung nahe, dass die Trainerentlassung häufig als eine Art Notbremse gezogen wird und die wirklichen Ursachen für sportlichen Misserfolg auf anderen Ebenen zu suchen ist.

VERWEISE:
→ Trainer **(63)**
→ Krise **(10)**
→ Co-Trainer **(64)**
→ Krisenmanagement **(71)**
→ Konflikt **(14)**

66 Mannschaftskapitän

Ein guter Mannschaftskapitän stärkt die Leistung der Mannschaft.

Der verlängerte Arm des Trainers bis auf das Feld.

Jedes Team braucht laut der Spielregeln einen »Mannschaftskapitän«, der die Mannschaft auf das Feld führt, die Spielrichtung auslost und als Ansprechpartner für den Schiedsrichter fungiert. Dieser muss von außen durch eine Armbinde erkennbar sein; soweit zu den Anforderungen der Spielordnung. Für die Mannschaft, den Verein und den Trainer muss der Mannschaftskapitän weitere Funktionen erfüllen. Seine Mitspieler sehen im Kapitän den Sprecher und Vertreter der Mannschaft vor dem Trainer und dem Verein. Weiterhin gibt es organisatorische Dinge innerhalb einer Mannschaft, die geregelt werden müssen. Dazu gehören die Verwaltung einer Mannschaftskasse, das Eintreiben von Strafen, die Organisation von Fahrten und Feiern und das Regeln von Problemen innerhalb des Teams. Dazu wird er von einem Vertreter und weiteren Mitgliedern eines Mannschaftsrates unterstützt. Diese stellt quasi die Selbstverwaltung innerhalb eines Teams sicher. Das Team wählt meist diese Vertreter selbst. Da vor allem die Position des Kapitäns für den Trainer wichtig ist, bestimmt er diesen häufig selbst. Der Kapitän stellt für den Trainer den verlängerten Arm bis aufs Spielfeld dar. Häufig wird der Kapitän deshalb in taktische Überlegungen mit einbezogen, um ein Gefühl für das Empfinden des Teams auf dem Platz zu bekommen. Da die Einflussmöglichkeiten des Trainers während des Spiels von außen begrenzt sind, ist der Kapitän mit dafür verantwortlich, das besprochene Spielkonzept auf dem Feld umzusetzen und seine Mitspieler dahingehend zu beeinflussen. An die Person des Mannschaftskapitäns stellen sich hohe Anforderungen. Er muss ein guter Fußballspieler sein, er braucht die Akzeptanz seiner Mitspieler und des Trainers. Ein guter Mannschaftskapitän kann die Leistung einer Mannschaft stark beeinflussen, muss eine starke Persönlichkeit sein.

VERWEISE:
→ Trainer **(63)**
→ Vorbild **(1)**
→ Kommunikation **(13)**
→ Krise **(10)**
→ Taktik **(46)**

67 Teambuilding

Teambuilding ist ein aktiv gesteuerter Prozess und Quelle großer Leistungen.

Ein Fußballteam ist eine Gruppe von Individuen, die wechselseitig voneinander abhängig und gemeinsam verantwortlich sind für das Erreichen spezifischer Ziele. Für ihre Mannschaft ist die gegenseitige Abhängigkeit aller Spieler eines Teams eindeutig beschrieben. Ohne einen guten Teamgeist wird es nicht möglich sein, ein gemeinsames Ziel zu erreichen. »Der Star ist das Team!« beschreibt diesen Umstand treffend, indem die Gruppe eindeutig über den Einzelnen gestellt wird. Berti Vogts erklärte: »Wenn jeder Spieler 10 Prozent von seinem Ego an das Team abgibt, haben wir einen Spieler mehr auf dem Platz.« Dies bedeutet nicht zwangsläufig, dass in diesem Team alle die gleichen Meinungen, Ansichten oder Sympathien teilen. Wichtiger sind die Faktoren eines gemeinsamen Ziels, der gegenseitige Respekt, ausreichende Wechselbeziehungen in der Gruppe, Vertrauen und ein hoher Grad an verbaler oder nonverbaler Kommunikation. Für eine Fußballmannschaft gilt dies im Besonderen, da sie sich außerhalb des Platzes und auf dem Platz während eines Wettkampfspiels mit vielen Störvariablen als Team präsentieren muss. Ein wichtiger, häufig vernachlässigter Punkt ist es, Rechenschaft für ihren Beitrag für die Leistung der Gruppe abzuliefern. Dafür ist in der Regel der Trainer verantwortlich. Mitspieler, allen voran der Mannschaftskapitän, können Leistung einfordern. Teambuilding ist der Prozess einer Entwicklung, die gesteuert werden kann.

Das Formen eines Teams ist ein aktiv gelenkter Prozess bei dem einzelne Positionen beziehungsweise Personen erst gegen- oder zueinander positioniert werden. Aus den daraus resultierenden Anpassungs- und Abstoßungsreaktionen erfolgt eine Neupositionierung, die im letzten Schritt gemeinsam neu ausgerichtet wird. Zusätzlich erfolgt das Auslasten von Einzel- oder Gruppenpotenzialen. Dieser Prozess muss bei neuen Kadern in der Vorbereitung angesteuert werden. Häufige Trainings- und Spielaktivitäten bieten dafür ausreichend Raum. Der gesamte Prozess läuft über einen längeren Zeitraum und sollte demnach bei der Kaderplanung Berücksichtigung finden. Unter Teambuilding werden alle Aktivitäten verstanden, die das Ziel haben, die Leistung des Teams durch verbesserte Zusammenarbeit, Vertrauen, verbesserte Beziehung zwischen den Individuen des Teams, Zusammengehörigkeitsgefühl zu stärken beziehungsweise zu verbessern.

VERWEISE:
→ Kommunikation **(13)**
→ Vertrauen **(29)**
→ Konflikt **(14)**
→ Mannschaftskapitän **(66)**
→ Trainer **(63)**

68 Kritik

Kritik ist eine wichtige Komponente für die persönliche Entwicklung.

Mit »Kritik« wird allgemein die prüfende Beurteilung bezeichnet. Kritik ist nicht negativ zu werten. Häufig geht es um das Aufzeigen eines Fehlers oder Missstandes, verbunden mit der Aufforderung, diese abzustellen. Dies passiert im Fußball häufig. Es sind unterschiedliche Arten der Kritik zu unterscheiden: positive Kritik wie Lob und Anerkennung und negative Kritik wie Tadel oder Ermahnung. Eine Sonderform nimmt die im Fußball wichtige Form der konstruktiven Kritik ein, die den Hinweis zur Verbesserung beinhaltet. Destruktive Kritik sollte im Fußball keine Anwendung finden, wenn einige Trainer und die Presse gelegentlich dazu neigen. Eine hingegen gewünschte Form der Kritik ist die Selbstkritik. Dabei überprüft der Einzelne differenziert sein eigenes Verhalten in Hinsicht auf bestimmte geforderte Kriterien. Zu den wichtigsten Aufgaben des Trainers gehört das richtige Kritisieren seiner Spieler. Er muss stark differenzieren zwischen sachlicher Kritik zum Verhalten und der Kritik an der Person selbst. Dies ist in der Praxis und der Formulierung nicht leicht und oft ein Grund für Dissonanzen. Die Spieler empfinden neben der Form, in der die Kritik geäußert wird, Kritik oft als ungerecht oder ungerechtfertigt und reagieren mit Ärger oder Enttäuschung.

Konstruktive Kritik kann geäußert werden durch die bessere Veranschaulichung von Aufgaben und der konkreteren Hilfestellung mit Handlungsempfehlungen und dem Klarmachen der Zielsetzung. Daraus resultieren Verbesserung und Leistungssteigerung.

Der Umgang mit Kritik gehört zu den schwierigsten Aufgaben im zwischenmenschlichen Bereich und im Verhältnis von Spieler und Trainer. Kritikfähigkeit ist Teil der sozialen Kompetenz eines Spielers und muss entwickelt werden. Zuhören, ausreden lassen und nachdenken und Verhalten zu verändern, sind wichtige Fähigkeiten für einen Fußballer, der sich entwickeln möchte.

VERWEISE:
→ Trainer **(63)**
→ Frustration **(22)**
→ Motivation **(17)**

Ansprache

Eine gute Ansprache an die Spieler erhöht die Leistungsbereitschaft.

Die »Ansprache« an die Mannschaft ist ein wichtiges Element der Arbeit des Trainers. Neben den Trainingsanweisungen und den Einzelgesprächen nimmt die Ansprache eine herausragende Rolle in der Kommunikation zum Team ein. Eine Ansprache ist eine im Voraus überlegte verbale Mitteilung an das Team und eine Rede. Da die Rede des Trainers in der Regel nicht so lange dauert und vor einem Spiel oder Training stattfindet, wird sie im Sprachgebrauch des Fußballs eher als Ansprache bezeichnet. Normalerweise finden die Ansprachen des Trainers im Monolog statt, ohne dass die Mannschaft daran aktiv durch Beiträge teilnimmt. Eine gute Ansprache ist prägnant, handelt nur von der Sache, also der Mannschaft, dem Gegner, der eigenen Situation und der Taktik, und nimmt nur so viel Zeit in Anspruch wie unbedingt nötig. Zu Beginn der Ansprache und bei wichtigen Punkten kann der Trainer die Stimme zur Akzentuierung erheben und eindringlich Blickkontakt suchen. Dazu ist vor allem eine stehende Position von Vorteil. Ziel der Ansprache, die möglichst frei erfolgen sollte, ist die Einflussnahme auf die Spieler, der Versuch, sie von einer Taktik zu überzeugen und sie zur hohen Handlungsbereitschaft zu aktivieren. Die Kunst für einen Trainer besteht darin, diese Ansprachen nicht zum Alltag für die Spieler werden zu lassen, damit kein Abnutzungseffekt auftritt. Neue Erkenntnisse, interessante Fakten zum Gegner, der Einsatz von Medien und viele Dinge mehr können dies verhindern. Je nach zeitlichem Abstand zum Spiel kann die Ansprache emotionaler gefärbt sein und mehr an die Kampfbereitschaft der Spieler appellieren. Diese entsteht nicht von allein. Ein Trainer sollte sich nicht vorwerfen lassen, seine Mannschaft habe die ersten 20 Minuten verschlafen. Denn dafür ist er mitverantwortlich. Dass Timing, den richtigen Mix aus Konzentration und Motivation zu erreichen, ist nicht einfach und bei jedem Team und einzelnen Spielern etwas anders. Dies gilt es zu beachten und eventuell mit Einzelgesprächen vorzubereiten.

Spieler brauchen klare Informationen darüber, welche Aufgaben sie zu erfüllen haben.

VERWEISE:
→ Trainer **(63)**
→ Motivation **(17)**
→ Konzentration **(25)**
→ Elf Freunde müsst ihr sein **(33)**

70 Führungsstil

Ein Führungsstil muss zum Trainer und den vielen Situationen passen.

Der Trainer ist in seiner Position im Verein als Führungskraft einzuordnen. Jedem Trainer ist ein langfristiges, relativ stabiles Verhaltensmuster zu eigen, und er bringt seinen Spielern seine Grundeinstellung gegenüber zum Ausdruck. Dieses Verhaltensmuster sollte von unterschiedlichen Situationen unbeeinflussbar sein. Klassische Führungsstile sind die autoritäre Führung, die demokratische Führung und der Laisser-faire-Stil. Keiner der Stile wird in der Reinform bei Trainern zu finden sein und würde im Fußball wenig Sinn ergeben. Der Führungsstil eines Trainers im Fußball ist von zwei Komponenten wesentlich beeinflusst. Das sind zum einen seine eigene Persönlichkeit, seine Überzeugungen und Wertvorstellungen und zum anderen seiner Aufgabe. Die Aufgabe stellt sich vor allem in den Situationen dar, in denen er mit dem Team arbeitet beziehungsweise es führen muss. Das Führungsverhalten des Trainers spiegelt sich indirekt wieder in der Reaktion der Mannschaft in Bezug auf Motivation, Respekt, Organisation und vieles mehr. Unterschiedliche Situationen bedingen nun unterschiedliche Aspekte von Führung. Die Situation eines Trainingslagers mit drei Einheiten täglich in der Saisonvorbereitung ist sicher anders zu bewerten als ein Pokalfinale. Und eine Kreisklassenmannschaft hat andere Situationen zu meistern als ein Bundesligateam. Der Trainer muss einen Führungsstil entwickeln, der ihn als Person authentisch erscheinen lässt und trotzdem klar das Heft des Handelns behalten lässt. Dies wird nicht ohne Konflikte zu bewältigen sein. Führung hat zur Aufgabe, das gemeinsame Ziel zu erreichen, die Mittel dafür festzulegen und die Gruppenmitglieder an diesem Prozess transparent teilhaben zu lassen. Je nach Situation kann sich dies zwischen demokratischem Führungsstil bis hin zu autoritärem Führungsstil äußern.

VERWEISE:
→ Vorbild **(1)**
→ Integrität **(30)**
→ Moral **(30)**
→ Krisenmanagement **(71)**
→ Konflikt **(14)**

71 Krisenmanagement

Krisenmanagement kann dem Trainer den Arbeitsplatz sichern helfen.

Im Fußball wird jedes Wochenende abgerechnet, und es werden Erfolge oder Misserfolge in der Tabelle festgehalten. Aus diesen Tatsachen ergeben sich je nach Ergebnissen und Tabellensituationen schnell Krisensituationen, die nicht selten in einer Trainerentlassung münden. Dringlichkeit und gefühlter Zeitdruck in Kombination mit der Angst vor der Zukunft sind die Hauptempfindungen einer sich anbahnenden Krise. Da der Trainer meistens der Leidtragende ist, sollte er sich rechtzeitig Fähigkeiten aneignen, die ihn in dieser Situation weiterhin handlungsfähig bleiben lassen. Der systematische Umgang mit Krisen kann gelernt werden. Den systematischen Umgang mit Krisensituationen wird als »Krisenmanagement« bezeichnet. Dazu gehört die rechtzeitige Identifikation der Krise, deren Analyse mit Ursachen und Tatsachen sowie der Entwicklung von Strategien zur Bewältigung der Krise. Dies geschieht in der Regel durch das Einleiten und Durchführen von Gegenmaßnahmen. In Krisensituationen sind die normalen Verhaltens- und Maßnahmenmuster meist nicht ausreichend, und die vorhandenen Ressourcen und das vorhandene Wissen nicht ausreichend. Sofern es sich hierbei nur um eine ergebnisorientierte Krise handelt, sollte der Trainer alles versuchen, durch Integration aller Beteiligten oder Außenstehender die Krise möglichst schnell zu beenden. Sollte der Trainer durch seine Person und sein Verhalten selbst Teil der Krise sein, liegt es am Verein, dies zu erkennen und selbst Krisenmanagement zu betreiben. Da es hierbei häufig zu emotionaler Beteiligung kommt und Informationen nur unvollständig oder falsch vermittelt werden, ist die Situation für den Trainer nicht mehr kontrollierbar und er wird zum Spielball der Mächte im Verein. Im professionellen Bereich ist dieser Umstand häufiger anzutreffen, da es mehr Interessen gibt und die Medien stärker beeinflussen können.

VERWEISE:
→ Krise **(10)**
→ Kommunikation **(13)**
→ Trainerentlassung **(65)**
→ Konflikt **(14)**

72 System

*Ein Spielsystem kann nur so gut sein,
wie die Spieler, die es umsetzen müssen.*

Mit »System« oder Spielsystem wird die Anordnung der Spieler auf dem Feld und die Positionen der einzelnen Spieler beschrieben. Das System ist Teil der Mannschaftstaktik. Man bezeichnet ein Spielsystem normalerweise mit einer Dreizahlenkombination (zum Beispiel 4–4–2), wobei die erste Zahl die Anzahl der Verteidiger, die zweite Zahl die der Mittelfeldspieler und die dritte Zahl die der Stürmer bezeichnet. Der Torwart wird bei der Bezeichnung eines Spielsystems nicht genannt. Der Trainer wählt ein System aus, das zu seiner Mannschaft, dem Gegner oder den Fähigkeiten seiner Spieler passt. Die Systeme beinhalten jeweils das Offensiv- und das Defensivverhalten der Spieler. Grundlegend wird festgelegt, mit welcher Anzahl von Spielern in den Bereichen Abwehr, Mittelfeld und Angriff agiert werden soll. Je nach System ist das eher offensiv oder defensiv ausgerichtet.

Der Ursprung aller Systeme stammt aus dem verwandten Rugby und war rein offensiv ausgerichtet, zumal der Torwart zu Beginn außerhalb des Strafraumes den Ball mit der Hand spielen durfte. Es wurde offensiv gespielt, und die individuelle Qualität der Spieler war wichtiger als die Ordnung. In der Folgezeit wurden die Systeme defensiver. Weite Verbreitung fand in den 60er Jahren das WM-System, in dem fünf offensiv orientierte Spieler in W-Form und fünf defensiv orientierte Spieler in M-Form aufgestellt sind. Dieses System findet sich heute noch zum Teil im 3–4–3-System wieder. Das 2–3–5-System ist heute vor allem noch in der klassischen Vergabe der Nummern für die Positionen lebendig. Die Zuordnung von Nummern zu Positionen wird zukünftig eher aussterben, da die Kader größer und die Regularien bezüglich der Nummern rigider werden.

Entscheidenden Einfluss auf Spielsysteme hat die Abseitsregel, die sich im Laufe der Jahre deutlich verändert und gelockert hat. Durch die heutige Abseitsregel ist es möglich geworden, wesentlich offensiver zu spielen und die Abwehrspieler mit in die Angriffsbemühungen zu integrieren. Ziel war, das Spiel attraktiver zu machen, was vor allem an der Zahl der geschossenen Tore gemessen werden sollte.

Gängige Spielsysteme, die heute Anwendung finden, sind 4–4–2 / 3–5–2 / 4–3–3 / 4–2–3–1/ 4–5–1 und leichte Variationen davon. Jedes System hat Vor- und Nachteile und ersetzt nicht die Qualität der Spieler, die es umsetzen müssen.

Als im Jahre 1925 die Abseitsregel von drei auf zwei Gegenspieler reduziert wurde, war dies der Durchbruch zum modernen Fußball. Die Spiele wurden abwechslungsreicher, und es fielen mehr Tore. Das WM-System entstand erstmals 1960 in England. Das 2–3–5-System ist heute noch in der Tradition der Spielernummerierung lebendig. Damals wurde noch mit einem Libero gespielt, der hinter Abwehr als Abfangjäger agierte. Heute setzen wieder Teams diese überkommene Taktik ein, wenn sie ihre Defensive stärken wollen. Offensiv wird der Libero manchmal »aufgelöst«, was eher bedeutete, dass er im gegnerischen Strafraum agieren sollte, um eventuell doch noch ein Tor zum Sieg zu erzielen.

Historische Spielsysteme, über die heute nur noch geschmunzelt werden kann, sind der Schweizer Riegel, Brasilianischer Halbriegel oder der italienische Catenaccio, der auf Defensive ausgerichtet war und heute noch von italienischen Topteams bei einer Führung angewandt wird.

VERWEISE:
→ Taktik **(46)**
→ Organisation **(26)**
→ Abseits **(81)**

73 Pressing

Pressing ist das beste Mittel, den Gegner unter Druck zu setzen.

»Pressing« ist eine spieltaktische Variante im Sport allgemein und im Fußball im Besonderen. Die Grundidee ist, dem Gegner möglichst wenig Zeit zu geben, sein Spiel ruhig und kontrolliert aufzubauen und ihn so zu Fehlern, unnötigen Ballverlusten und Zweikämpfen zu zwingen. Pressing kann in verschiedenen Bereichen des Spielfeldes ausgeführt werden und ist laufintensiv, wenn es nicht zum Erfolg führt. Angriffspressing beginnt, sobald der Ball im Spiel ist – durch frühzeitiges Stören des gegnerischen Spielaufbaus, das in Anlehnung ans Eishockey nicht ganz korrekt Forechecking genannt wird. Grundvoraussetzungen für Pressing sind die hohe Laufbereitschaft der Spieler, die Dynamik und Kondition. Ein Pressing kann erst auf Höhe der Mittellinie beginnen und wird Mittelfeldpressing genannt. Der Vorteil hierbei liegt in der Konzentration der eigenen Spieler in der eigenen Hälfte und erschwert dem Gegner das Zusammenspiel in diesem Bereich. Der Nachteil dieser Variante liegt darin, dass sie eher defensiv ausgerichtet ist.

Pressing hat den psychologischen Vorteil der Handlungsaktivität. Das Team ist also nicht abhängig von dem Verhalten der ballbesitzenden Mannschaft, sondern kann selbst agieren und das Spiel bestimmen. Dies geschieht vor allem dadurch, dass nicht einzelne Spieler, sondern Spieler ganze Mannschaftsteile geschickt positionieren und den Ball dort erkämpfen oder unter Druck bringen, wo sie sich den größten Vorteil versprechen. Das kann ein unsicherer Gegenspieler oder eine große Lücke im Mannschaftsverbund des Gegners sein. Pressing kann als mannschaftstaktisches Verhalten nur erfolgreich sein, wenn alle beteiligten Spieler, im Idealfall also das gesamte Team, richtig agieren und optimale Positionen auf dem Feld einnehmen. Wenn der Ballgewinn das Ziel sein soll, darf das Pressing nicht zu lange dauern, da es zu laufintensiv ist. Richtiges, situationsgemäßes Pressing führt schnell zum Erfolg. Deshalb werden vor dem Spiel Situationen besprochen, in denen Pressing erfolgreich anzuwenden ist. Es können Phasen des Spiels dafür besonders geeignet sein, um den Rhythmus des Gegners zu stören oder Schwächephasen auszunutzen. Vor allem überraschendes Pressing ist eine große Herausforderung für die ballbesitzende Mannschaft. Grundlage für richtiges Pressing ist das ballorientierte Verhalten aller Spieler. Beim einsetzenden Pressing wird nur noch die Laufdynamik erhöht und die Nähe zum Gegner deutlich verkürzt.

VERWEISE:
→ Taktik **(46)**
→ Zeit **(74)**
→ Raum **(75)**

74 Zeit

*Ein Spiel dauert 90 Minuten,
und ein gutes Team sollte die Zeit nutzen.*

»Zeit« beschreibt eine physikalische Größe und gehört zu den nicht veränderbaren Variablen eines Fußballspiels. Ein Spiel hat eine definierte Dauer von Zeit, in der Regel 90 Minuten, unterteilt in zwei Halbzeiten zu je 45 Minuten. Betrachtet man Zeit detaillierter als die Abfolge von Ereignissen, die nicht wiederholbar sind, wird einem die Einmaligkeit eines Fußballspiels klarer. Was liegt also näher, die vorher schon feststehende Dauer mit in die eigenen taktischen Überlegungen einzubeziehen? Zeitdruck entsteht, wenn entweder die verbleibende Zeit weniger wird, was schon vor dem Spiel feststand, oder wenn eine Handlung unter Druck stattfinden muss. Dieses Phänomen kann im Fußball häufig beobachtet werden, dass zum Ende eines Spiels auf einmal alle taktischen Überlegungen über den Haufen geworfen werden und nur noch mit langen Bällen in den Strafraum gespielt wird. Vermutlich möchte man den Zufall eines Tores erzwingen. Richtig ist dabei, dass der Ball in den Raum kommen muss, indem die meisten Tore erzielt werden. Dieser befindet sich zwischen 11 Meter-Punkt und Strafraum. Dass der Ball dorthin nicht hoch gespielt werden darf, da er kaum zu verwerten ist und gut zu verteidigen ist, wird zum Ende des Spiels hin eher vernachlässigt.

Besser wäre es von Beginn des Spiels an, den Gegner unter Zeit- beziehungsweise Handlungsdruck zu setzen, da dann die meisten Fehler gemacht werden, was heutzutage mit dem taktischen Mittel des Pressings angewandt wird. Zu bestimmen ist lediglich der Raum, in dem dies geschieht und die Zeitdauer. Im Falle des Ballbesitzes spielt die Zeit eine wichtige Rolle. Möchte man nicht permanent gegen eine gut organisierte Abwehr mit Positionsspiel und auf Fehler wartend agieren, sollte eine gute Mannschaft den Moment des Ballverlustes der gegnerischen Mannschaft nutzen und schnell nach vorne spielen. Dann ergeben sich viele Freiräume, und man trifft auf eine nicht organisierte Abwehr. Dieses taktische Mittel wird meist als Kontertaktik bezeichnet. Sie bietet sich vor allem bei Standards des Gegners an, da in der Abwehr meist keine nominellen Abwehrspieler zur Absicherung agieren.

VERWEISE:
→ Pressing **(73)**
→ Raum **(75)**
→ Konter **(80)**
→ Zufall, Glück und Pech **(39)**

75 Raum

Der Raum gehört allen, und je näher ich dem Tor komme, umso eher treffe ich.

Der »Raum«, in dem Fußball gespielt wird, wird mit Spielfeld bezeichnet. Für dieses Spielfeld gibt es festgelegte Maße. Der Raum steht also vor Beginn des Spiels fest, und jeder Spieler schaut vor Beginn des Spiels gern noch einmal nach, wie groß der Raum ist und wie es um seine Beschaffenheit bestellt ist, da diese je nach Wetterlage, Jahreszeit oder Temperatur variieren kann. Das Spielfeld selbst ist mit vielen Markierungen versehen, und an jeder Längsseite steht ein Tor. Manche Spieler wissen besser, wo das Tor steht als andere. Jede Markierung auf dem Feld hat eine bestimmte Bedeutung. Vor allem wird der Raum nach außen hin begrenzt. Da der Raum groß ist, dürfen pro Team elf Spieler am Spiel teilnehmen. Es stellt sich die Frage, wie diese Spieler anzuordnen sind und welche Aufgaben sie haben sollen. Spätestens hier wird der enge Bezug zur Taktik erkennbar. Eine Viererkette ergibt zum Beispiel viel Sinn, da das Spielfeld relativ breit für drei Spieler wäre, oder sie müssten schneller und weiter laufen, um den gleichen Raum abzudecken.

Prinzipiell versuchen die Spieler, dem Gegner den Weg zum Tor durch ihre Anordnung auf dem Feld zu verstellen. Das ist das Spielsystem. Wer versucht, den Raum zu verstellen, der spielt defensiv, denn er beachtet nur eine der beiden Grundideen des Fußballs: Tore verhindern und Tore erzielen. Ein gutes System muss gewährleisten, dass man den Raum nach vorn überbrücken kann. Trotzdem erschließt sich der Sinn, ein vernünftiges Verhältnis von Passwegen und Laufwegen zu haben, was eine gute Taktik und ein gutes System auszeichnet.

Da der Raum, wenn der Ball im Spiel ist, prinzipiell von jedem genutzt werden darf, sollte man versuchen, den Ball und den Gegner weit weg vom eigenen Tor zu halten. Diese Tatsache wird bei defensiven Systemen nicht bedacht, und der Gegner darf bis weit in die eigene Hälfte kombinieren.

Je weniger Raum zum Spielen bleibt, umso schwieriger wird es zu spielen. Das verhält sich genauso wie bei der Zeit. Dem Gegner also den

Raum frühzeitig streitig zu machen, ihn zu Zweikämpfen zu zwingen, wäre durchaus lohnenswert, da der Weg bis zum gegnerischen Tor bei Ballbesitz nicht so weit ist und schnell überbrückt werden kann. Taktische Marschrouten, Einstellungen und Spielsystem sollten diese grundlegenden Eigenschaften des Raums mit einbeziehen.

VERWEISE:
→ Zeit **(74)**
→ Pressing **(73)**
→ Taktik **(46)**

Statistik

Statistik nähert sich der Wahrheit im Fußball an, wird ihn nie ganz erklären können.

Fußball ist ein wahres Paradies für Statistik und deren Anhänger. Statistik ist im Fußball eine wesentliche Basis der Analyse von Stärken und Schwächen der eigenen und der gegnerischen Mannschaft und Basis vieler Diskussionen. Schon die bloße Betrachtung der Tabelle erscheint vielfältige Aufschlüsse über Leistungsstärke, Offensiv- oder Heimstärke eines Teams zu geben. Im professionellen Bereich haben sich hier in den letzten Jahren enorme Veränderungen auf der technischen Seite ergeben. Zum Funktionsteam einer Profimannschaft gehört häufig ein Spielbeobachter, dessen Analysen sich größtenteils auf Statistik beziehen. Neben der rein quantitativen Beschreibung von Häufigkeiten von Ecken, Torschüssen oder Ballkontakten müssen diese Daten qualitativ interpretiert werden. Was hilft die hohe Anzahl an Ballkontakten, wenn viele Fehlpässe gemacht werden, oder wie wichtig ist die Ballbesitzzeit, wenn keine eigenen Torschüsse ausgeführt werden?

Mittlerweile liegen für jedes Spiel der Ersten Bundesliga und bei allen Spielen der großen Turniere umfangreiche Datenbanken nach dem Spiel bereit, aus denen eine Menge an Schlüssen gezogen werden kann. Die entscheidendste Statistik im Fußball ist die des Ergebnisses und der verbundenen Punktausbeute. Da das Spiel in Toren gemessen wird, sind also erzielte Tore besonders wertvoll, ebenso die verhinderten Tore des Gegners. Wer häufig gewinnt, wird also viele Punkte haben und in der Tabelle weit vorne stehen. Es wird versucht, aus den vielen Tausend anderer Statistiken Details herauszuinterpretieren, was mitunter schwierig ist, da der Zufall sowie Glück und Pech eine nicht zu vernachlässigende Rolle im Fußball spielen.

VERWEISE:
→ Taktik **(46)**
→ Heimvorteil **(40)**
→ Zufall, Glück und Pech **(39)**

77 Disziplin

Disziplin ist die größte Tugend eines Fußballers.

Mit »Disziplin« wird ein menschliches Verhalten beschrieben. Es kann zwischen Selbstdisziplin oder Selbstbeherrschung und Gehorsam unterschieden werden. Im Fußball wird der Begriff der Disziplin häufig angewandt: Er wirkt besonders leistungsfördernd oder leistungsmindernd.

In einem hochintensiven Wettkampfsport wie Fußball, der mit so vielen Variablen menschlichen Handelns und einer so organisationsgeprägten Form ausgeführt wird, ist Disziplin ein entscheidendes Leistungskriterium. Im Verlaufe eines Spiels lässt bei den meisten Teams diese Disziplin nach, was sich zum einen in häufigeren Fehlern oder Foulspielaktionen bemerkbar macht und zum anderen in der nachlassenden taktischen Disziplin, also dem Einhalten von Positionen oder dem Wahrnehmen von Pflichten. Eine auffällig fehlende Disziplin wird im Umgang mit Schiedsrichtern erkennbar, da hier die eigene Person scheinbar angegriffen und eigene Bedürfnisse nicht mehr in den Dienst der Mannschaft zurückgestellt werden. Dies kann bei einer Bestrafung durch den Schiedsrichter zu einer eklatanten Schwächung des Teams führen und spielentscheidend sein.

Die Spieler sollten also permanent in der Lage sein, ihr Verhalten dahin gehend zu kontrollieren, sich nicht ablenken zu lassen und die Anforderungen des Spiels an sie selbst an oberster Stelle zu sehen. Hilfreich sind hier Spieler, die »einen kühlen Kopf bewahren« und sich und andere schützen. Solche Spieler besitzen eine hohe Stressresistenz gegen die Spielbelastungen.

Gehorsam sollten die Spieler in dem Sinne agieren, dass sie sich an die Regeln halten und die Absprachen innerhalb des eigenen Teams in Bezug auf Taktik einhalten und nicht selbstständig verändern. Zum anderen gehört hierzu die Akzeptanz von Autoritäten wie Trainer, Co-Trainer oder Mannschaftskapitän. Es handelt sich um solidarischen Gehorsam, man fügt sich den Teamanordnungen, wenn man selbst nicht unbedingt davon überzeugt ist. Wichtige Basis dafür ist das dahinter liegende Sozialgefüge, das eigene Team als positiv zu empfinden.

VERWEISE:
→ Organisation **(26)**
→ Taktik **(46)**
→ Trainer **(63)**
→ Schiedsrichter **(79)**
→ Emotion **(15)**
→ Stress **(91)**

78 Spielregeln

Regelkenntnisse bringen Vorteile.

Als Spielregeln werden die offiziellen, internationalen und nationalen verbindlichen Ablaufformen und Verhaltensweisen bei der Durchführung des Fußballspieles bezeichnet. Die FIFA und die entsprechenden National- und Landesverbände haben dies in einem 17 Punkte umfassenden Regelwerk definiert. Neben den Regeln für das Fußballspiel im Freien existieren Regeln für das Spielen in der Halle und Futsal-Regeln, einer Variante des Fußballs mit einem veränderten Ball und anderen Regeln. Diese 17 Regeln sind im Bereich des DFB verbindlich. Angepasst werden dürfen sie nur für Jugendliche unter 16 Jahren, Frauen, Spielern über 35 Jahre und im Behindertensport. Erlaubt sind die bei Spielen dieser Gruppen folgende Anpassungen: die Größe des Spielfelds, die Größe, das Gewicht und Material des Balles, die Größe der Tore, die Dauer des Spiels und die Zahl und Art der Auswechslungen. Vor allem im Kleinfeld experimentieren einige Landesverbände mit den Regeln, um das Spiel kindgemäßer zu gestalten.

Zu den Spielregeln, die jährlich aktualisiert werden und immerhin im offiziellen DFB Regelheft 120 Seiten beanspruchen, gehören folgende Punkte, die einem Trainer bekannt sein sollten. Geregelt werden die Art und Beschaffenheit des Spielfelds in Regel 1, der Ball in Regel 2, die Zahl der Spieler in Regel 3, die Ausrüstung der Spieler in Regel 4, der Schiedsrichter und seine Assistenten in Regel 5 und 6, die Dauer des Spiels in Regel 7, der Beginn und das Fortsetzen des Spiels in Regel 8, Ball in und aus dem Spiel in Regel 9, wie ein Tor erzielt wird in Regel 10, Abseits in Regel 11, verbotenes Spiel und unsportliches Betragen in Regel 12, Freistöße in Regel 13, Strafstöße in Regel 14, Einwürfe in Regel 15, Abstöße in Regel 17 und der Eckstoß in Regel 17. Zur Einhaltung und Überwachung dieser Regeln werden Schiedsrichter und Schiedsrichterassistenten eingesetzt, in den höchsten Spielklassen noch ein zusätzlicher 4. Schiedsrichter außerhalb des Feldes. Diskutiert wird bisweilen über einen zusätzlichen Torschiedsrichter und über weitere Überwachungsmaßnahmen. Die Spielregeln haben sich im Verlaufe der Jahre deutlich verändert. Dies reicht über die regelmäßige Anpassung der Abseitsregel, Sanktionsformen bei Vergehen, Bestimmungen für Einwechselspieler, der Rückpassregel sowie Einführung und Abschaffung des Golden Goals. Die Regeln werden von der FIFA in Kommissionen beschlossen, um die Attraktivität des Spiels zu erhöhen: ob für die Zuschauer oder die Vermarktung in den Medien ist nicht klar erkennbar. Die Verschärfung von Sanktionen gegen grobe Vergehen dient dem Schutz der Gesundheit der Spieler. Ursprung der heutigen Fußballregeln sind die »Cambridge-Regeln« aus dem Jahr 1848.

VERWEISE:
→ Schiedsrichter **(79)**
→ Abseits **(81)**
→ Foulspiel **(83)**
→ Zeitschinden **(82)**

79 Schiedsrichter

Der Schiedsrichter gewährleistet den regulären Ablauf des Spiels.

Als Schiedsrichter, Unparteiischer oder Referee wird eine unparteiische Person bezeichnet, die die Aufgabe übernommen hat, bei einem Fußballspiel zweier Teams gegeneinander das Spiel zu leiten. Der Schiedsrichter überwacht die Einhaltung der Regeln, kontrolliert den Spielverlauf mittels Tatsachenentscheidungen und disziplinarischer Handlungen. Zusätzlich ist er für die Dauer verantwortlich.

Der Schiedsrichter wird ab der Bezirksliga von Assistenten an den Außenlinien unterstützt, mit denen er nonverbal kommunizieren kann. Diese unterstützen den Schiedsrichter vor allem bei der Abseitsregel, da sie sich an der rechten Außenlinie auf Höhe des Balles mitbewegen und so einen einen guten Überblick haben.

Neben der Spielleitung gehört das Überprüfen und Anfertigen eines Spielberichts zu seinen Aufgaben. Dieser dokumentiert die Teilnahme der Spieler, das Ergebnis und wichtige Ereignisse.

Die Person des Schiedsrichters wird im Fußball oft kritisiert und steht nicht nur im Spielverlauf unter Druck. Eine starke Persönlichkeit, Stressresistenz und eine gute körperliche Fitness sind wichtige Faktoren für die gute Spielleitung.

Der Schiedsrichter fällt im Spiel sogenannte Tatsachenentscheidungen, die nach einer Spielfortsetzung nicht mehr rückgängig gemacht werden können.

Spieler, die sich nicht an die Regeln halten, werden erst vom Schiedsrichter ermahnt und bei weiteren Vergehen dafür bestraft. Diese Bestrafung geht bis zum Feldverweis, der nachträglich durch den Verband noch weiter mit Spielstrafen je nach Vergehen belegt werden kann. Höchststrafe ist der lebenslange Ausschluss vom Wettkampfsport im Fußball.

Vor allem die Differenzierung in Foul oder nicht Foul ist für den Schiedsrichter eine schwere Aufgabe, da hier absichtlich manipuliert wird, um einen Freistoß oder Strafstoß zu erhalten. Das taktische Foul,

Diskussionsbedarf ist bisweilen auch im Spiel vorhanden.

das von Trainern oft gefordert wird, ist schwer zu erkennen und widerspricht dem Fair Play-Gedanken.

Schiedsrichter durchlaufen eine Ausbildung und können je nach Leistung auf- oder absteigen. Dazu werden sie regelmäßig in ihrer Spielleitung bewertet. Im internationalen Spitzenbereich steht für die WM 2014 an, den Schiedsrichter in den Status des Berufsschiedsrichters zu erheben. Alle anderen Schiedsrichter erhalten für ihren Einsatz eine spielklassenabhängige Aufwandsentschädigung, die zum Beispiel für die 1. Bundesliga 3800 Euro beträgt.

VERWEISE:
→ Spielregeln **(78)**
→ Foulspiel **(83)**
→ Abseits **(81)**

80 Konter

Kontern muss jede Mannschaft können.

Mit »Konter« wird eine spezielle Situation in einem Sportspiel bezeichnet, bei der die zuvor auf Defensive bedachte Mannschaft plötzlich bei Ballgewinn die Initiative ergreift und den Überraschungsmoment zu ihrem Vorteil ausnutzt. Der Konter erweist sich in diesem Fall als ein besonders effektives Instrument der Taktik.

Die Kontertaktik wird von Mannschaften angewendet, wenn sie sich vermeintlich in einer schwächeren Position sehen und dem Gegner auf dem ganzen Feld spielerisch unterlegen sein würden, zum Beispiel bei einem Pokalspiel gegen einen höherklassigen Gegner. Es wird auf Pressing verzichtet, und der Gegner darf bis tief in die eigene Hälfte fast unbedrängt agieren. Beim Ballgewinn wird blitzschnell auf Offensive umgeschaltet. Dies hat den Vorteil, einen nicht organisierten Deckungsverband anzutreffen und viel freien Raum nutzen zu können. Tempodribbling und schnelle, einfache Pässe führen zum schnellen Torabschluss. Da das Konterspiel schnell ablaufen muss, ist ein koordiniertes Lauf- und Passverhalten wichtig. Zudem gilt es, die Abseitsregel zu beachten. Häufig versuchen Mannschaften, das Kontern zu verhindern, indem sie nach Ballverlust ein taktisches Foul begehen und grob gegen den Fair Play-Gedanken verstoßen.

Die Kontertaktik eignet sich nach gegnerischen Standards, wenn der Abwehrverband unorganisiert ist und die Verteidiger vorne sind. Die Kontertaktik ist ebenfalls geeignet, wenn eine Mannschaft zum Ende eines Spiels den Abwehrverband verringert, um mehr offensive Spieler zu haben. Für eine Kontertaktik günstig sind schnelle Spieler, die ein gutes Freilaufverhalten haben. Entscheidend ist aber das schnelle Umschalten von Abwehr auf Angriff mehrerer günstig positionierter Spieler. Dies kann und muss der Inhalt des Trainings sein. Jede Fußballmannschaft sollte kontern können, da es zum taktischen Repertoire eines Teams gehört. Ein Konter sollte zum Abschluss führen, da ansonsten die Gefahr des Gegenkonters besteht. Eine klassische Trainingsform zur Verbesserung des schnellen Umschaltens ist die Tschechenrolle, bei der drei Teams wechselweise zwei Tore angreifen dürfen.

VERWEISE:
→ Abseits **(81)**
→ Trainingsplanung **(42)**
→ Foulspiel **(83)**
→ Fair Play **(5)**
→ Favorit – Außenseiter **(41)**

81 Abseits

Die Abseitsregel ist vieldiskutiert.

Die Abseitsregel ist eine der am häufigsten zitierten und diskutierten Fußballregeln und in Regel 11 festgelegt.

Prinzipiell ist zu differenzieren in Abseitsstellung, was noch kein Vergehen ist, und dem Vergehen, das er in dieser Abseitsstellung begeht. Ein Spieler befindet sich in einer Abseitsstellung, wenn er der gegnerischen Torlinie näher ist als der Ball und der vorletzte Gegenspieler. Nicht in Abseitsstellung ist er, wenn er noch in der eigenen Spielhälfte ist oder auf gleicher Höhe mit dem vorletzten Gegenspieler oder den beiden letzten Gegenspielern. Die Erweiterung, dass »auf gleicher Höhe« kein Abseits ist, gibt es erst seit 1990. Er wird in einer Abseitsstellung bestraft, wenn er zum Zeitpunkt den Ball von einem Mitspieler berührt, der aktiv am Spiel teilnimmt. Dies kann ein erhaltener Pass sein, eine Gegnerbeeinflussung durch Täuschen oder Sperren sein oder wenn er einen anderen Vorteil aus seiner Position bezieht. Diese passive Abseitsregelung steht wieder in der Diskussion, da die Entscheidung, wann und wie ein Spieler aktiv in das Geschehen eingreift, nicht eindeutig zu erkennen ist. Kein Abseits gibt es nach Abstoß, Einwurf oder Eckstoß. Bestraft wird er mit indirektem Freistoß für den Gegner. Die Abseitsregel wurde häufig geändert, ihren Ursprung hat sie in der Idee zu verhindern, dass offensive Spieler hinter den defensiven Spielern oder gar in Tornähe auf lange Pässe warten. Dadurch hat sich erst ein Spielaufbau mit Dribblings und Laufspiel entwickeln können, da die Entfernung zum gegnerischen Tor anders überbrückt werden musste als mit langen Pässen.

Die Zahl der Spieler, die noch nötig waren, um nicht abseits zu sein, ist mittlerweile bis auf zwei reduziert worden.

Durch diese Regel hat der Abwehrverbund neue Optionen erhalten. Zum einen ist es möglich, in einer Kettenanordnung hoch in Richtung Mittellinie zu stehen und auf Abseits zu spielen und selbst Defensivspieler in den Angriff zu integrieren. Gut eingespielte Abwehrketten können einen enormen Druck auf das Angriffsspiel des Gegners ausüben. Eine gute Option, dies auszuhebeln, ist das individuelle Tempodribbling.

Um die Einhaltung der Abseitsregel besser kontrollieren zu können, sind an der rechten Außenlinie zwei Schiedsrichterassistenten auf Ballhöhe positioniert. Im Kleinfeldbereich gibt es keine Abseitsregel.

VERWEISE:
→ Spielregeln **(78)**
→ Schiedsrichter **(79)**
→ Konter **(80)**

82 Zeitschinden

Zeitschinden ist ein taktisches Mittel.

Fußball ist ein dynamisches Spiel, bei dem es um möglichst wenig Zeitverlust gehen sollte, um erfolgreich zu sein. Viele Aktionen zu haben, ist deshalb ein Vorteil. Da die Zeit durch die Regel auf zweimal 45 Minuten begrenzt ist, sollte es das Bestreben sein, die Aktionen möglichst schnell zu spielen und vor allem schneller als der Gegner zu sein. Dies ist bei verschiedenen Teams oder speziellen Taktiken das vordergründige Ziel. Die Kontertaktik funktioniert nur, wenn schnell, überfallartig nach vorn gespielt wird. Die in der Regel angegebene Spieldauer beschreibt die Bruttospielzeit, also den Zeitraum zwischen Anpfiff und Abpfiff. Davon zu differenzieren ist die Nettospielzeit, also die Zeit, in der der Ball wirklich im Spiel ist und Handlungen mit und um den Ball Sinn ergeben. Diese effektive Spielzeit reduziert sich auf etwa 55 Minuten pro Match. Es besteht also eine Differenz von 35 Minuten, in denen der Ball nicht spielbar ist. Bei der WM 2006 in Deutschland wurden diese »Fehlminuten« in durchschnittlich 117 Spielunterbrechungen pro Spiel verursacht. Eine Ursache, neben den normalen Unterbrechungen, bei denen schnell weiter gespielt wird, ist die enorm hohe »Fehlzeit«. Das ist ein bekanntes Phänomen oder eine Eigenart des Spiels. Es handelt sich ums Zeitschinden, also das absichtliche Verstreichenlassen von Zeit, in der der Ball nicht gespielt werden kann. Sofern der Gegner die Spielfortsetzung ausführen darf, ist dies erschwert und kann nur übers Blockieren des Balls oder das langsame Aufsuchen von zugewiesenen Räumen erfolgen. Hier kann der Schiedsrichter ermahnen oder eingreifen. Darf das Spiel von der eignen Mannschaft fortgesetzt werden, verfügen die Spieler, insbesondere der Torwart, plötzlich über einen besonders sensiblen Zeittakt, für den sie bisweilen vom Schiedsrichter mit der Gelben Karte bestraft werden.

Zeitschinden widerspricht dem Spielgedanken des Fußballs nicht. Dieser lautet: Tore erzielen und Tore verhindern, was in Phasen, in denen der Ball nicht im Spiel ist, besonders gut funktioniert. Die Methode wie dies bewerkstelligt wird, ist allerdings zweifelhaft und mit dem

Gedanken des Fair Play nicht zu vereinbaren. Es kommen verschiedene Handlungen vor, die ausschließlich das Ziel haben, die Nettospielzeit zu reduzieren. Der Wechsel zum Ende eines Spiels ist eine häufig anzutreffende Methode, wobei der auszuwechselnde Spieler das Spielfeld meist langsam verlässt oder ein Spieler ausgewechselt wird, der sich weit entfernt vom Einwechselspieler befunden hat. Zeitschinden findet verstärkt statt zum Ende eines Spiels und wenn eine Mannschaft knapp führt. Bei Torgleichstand tritt dieser Effekt nicht so stark auf, da beide Teams noch eventuell das Spiel gewinnen wollen. Die am meisten und am effektivsten Methoden, Zeit verstreichen zu lassen, sind der Einwurf und das Ausführen eines Freistoßes nach Foul des Gegners. Kommt dazu noch eine andere effektive Art, den Gegner nicht ins Spiel kommen zu lassen, wie eine sichere Ballzirkulation, wird es schwer für den Gegner, noch ein Tor zu erzielen, da schlicht die Zeit fehlt und der eigene Ballbesitz dazu fehlen.

VERWEISE:
→ Konter **(80)**
→ Fair Play **(5)**
→ Schiedsrichter **(79)**
→ Breite und Tiefe **(85)**

Foulspiel

Foulspiel gehört zum Fußballspiel dazu, sofern keine Absicht oder Fahrlässigkeit besteht.

Das Foulspiel ist im Fußball durch die Regel 12, »Verbotenes Spiel«, geregelt. Foulspiel ist verboten, findet trotzdem häufig statt. Foulspiel führt je nach Ort, Art und Intensität der Regelverletzung zu einem Freistoß oder einem Elfmeter und manchmal zu einer persönlichen Strafe. Fouls werden absichtlich, unabsichtlich oder fahrlässig begangen. Eine Tätlichkeit stellt einen besonders schwerwiegenden Fall eines Fouls dar und wird mit der Roten Karte bestraft. Durch die Neuformulierung der Regeln und die verbundenen Handlungsanweisungen für Schiedsrichter wird versucht, die Schwere und Anzahl von Fouls zu verringern und den Spielfluss zu fördern und die Gesundheit der Spieler zu schützen. Es geht um das Sanktionieren von unsportlichen Fouls, die nicht direkt zum Spiel gehören.

Einen Sonderfall des Fouls nimmt das taktische Foul ein. Das Ziel eines taktischen Fouls ist es, den Spielfluss des Gegners absichtlich zu unterbinden. Dies findet statt in Phasen, in denen das eigene Team nicht gut organisiert, in Unterzahl oder in Führung liegt. Damit soll zum einen in der Spielunterbrechung eine bessere Organisation geschaffen werden und zum Ende eines Spiels die Nettospielzeit reduziert werden. Hauptkennzeichen des taktischen Fouls ist die eindeutige Absicht des Foulenden, das Spiel zu unterbrechen. Schiedsrichter haben hierbei die Möglichkeit, ein solches Foul nicht direkt zu bestrafen, sofern die angreifende Mannschaft im Ballbesitz bleibt. Eine Bestrafung für den absichtlich foulenden Spieler kann noch in der nachfolgenden Spielunterbrechung ausgesprochen werden.

Die Interpretation von Foulspiel und die Regelauslegung sind wieder Grund für Diskussionen und die Forderung nach einem Videobeweis. Ein absichtliches Foul zieht nach der Regel zwingend eine persönliche Strafe nach sich. Ein Foul wird erst dann formal zum Foul, wenn der Schiedsrichter es pfeift. Hier ergeben sich je nach Spielklasse und Nationalität durchaus unterschiedliche Maßstäbe, was erlaubt und was nicht mehr erlaubt ist. Für die Schiedsrichter ist das Ahnden des Foulspiels mit die Schwerste ihrer Aufgaben. Ein Spiel kann durch schlechte Schiedsrichterentscheidungen in Bezug aufs Foulspiel komplett aus dem Ruder laufen. Ohne Zweikämpfe, Körperkontakt und Kampf um den Ball ist ein Fußballspiel stark beschränkt. Gerade im höheren Leistungsbereich kommt dem Schiedsrichter hier eine Schlüsselfunktion zum Schutz des Spiels und der Spieler zu, da es durch die höhere Dynamik bei Körperkontakt häufiger zu Verletzungen kommt als im Amateurfußball.

VERWEISE:
→ Fair Play **(5)**
→ Schiedsrichter **(79)**
→ Spielregeln **(78)**

Ballbesitz

Ballbesitz ist ein quantitatives Merkmal im Fußball.

»Ballbesitz« ist im Fußball eine Grundsituation zwischen zwei Teams und beschreibt, in wessen Reihen der Ball mehr zirkuliert. Das Team, das längere Ballbesitzzeiten hat, muss nicht automatisch das bessere oder erfolgreichere sein. Im Fußball geht es darum, was man mit dem Ball macht, und weniger darum, wie lange man ihn hält. Trotzdem ist der eigene Ballbesitz die beste Option, eigene Angriffsaktionen vorzubereiten und den Gegner vom gleichen Ziel abzuhalten. Die Mittel dazu sind eine gute Raumaufteilung, ein gutes Freilaufverhalten und ein gutes Passspiel. Der Ball kann die Wege schneller und über weitere Entfernungen zurücklegen als der nachlaufende Gegenspieler. Erst bei einem eigenen Fehler besteht die Gefahr des Ballverlustes. Ist das Ziel nur Ballbesitz, wird die Breite der eigenen Spielhälfte das Hauptspielfeld sein. Kommt der Gedanke des Offensivspiels dazu, müssen Pässe in die Tiefe des Raumes möglich werden, da diese die Entfernung zum gegnerischen Tor und die Anzahl der Gegenspieler zwischen Ball und Tor reduzieren.

Ballbesitz lässt sich besonders leicht erhalten, wenn das Team in Überzahl spielt. Vor allem hier sind das richtige Verhältnis von Breite und Tiefe der Pässe entscheidend. Ballbesitz lässt sich besonders gut erhalten gegen Mannschaften, die defensiv stehen und nur schwer gegen aggressiv spielende Teams, die offensiv zum Pressing ansetzen. Bei der Analyse der Ballbesitzzeiten ist deshalb die Spielanlage der Teams, die Art der Pässe, der Ort der Pässe zu analysieren, um sich auf den Gegner vorbereiten zu können. In jedem Team gibt es zentrale Schaltstellen im Mittelfeld, die zwischen Breite und Tiefe der Spielanlage entscheiden können. Diese gilt es zu erkennen und wenig ins Spiel beziehungsweise an den Ball kommen zu lassen. Ballbesitz durch sicheres Zusammenspiel gehört zu den grundlegenden Fähigkeiten von Teams und muss im Training regelmäßig geübt werden. Unterschiedliche Schwerpunkte wie Überzahlspiel oder Pässe in die Tiefe lassen das Zusammenspiel variabler werden. Im Spiel gilt es, zum richtigen Zeitpunkt oder nach entsprechenden taktischen Vorgaben zu handeln. Es besteht zwar ein Zusammenhang zwischen höheren Ballbesitzzeiten und dem Spielerfolg, trotzdem kann und muss der Ballbesitz einer Mannschaft differenzierter aufgeschlüsselt werden, um deren Stärken und Schwächen zu analysieren und Gegenmaßnahmen zu ergreifen.

VERWEISE:
→ Raum **(75)**
→ Zeit **(74)**
→ Technik **(45)**
→ Taktik **(46)**

85 Breite und Tiefe

Der Erfolg im Fußball wird in Toren gemessen.

Der Gewinner im Fußball wird durch Tore ermittelt. Diese simple Tatsache geht häufig bei allzu taktischen Überlegungen verloren. Gesucht sind also Spieler, die viele Tore erzielen. Nicht jeder Schuss, der in Richtung Tor geschossen wird, ist ein Tor, zumal der gegnerische Torwart dies zu verhindern versucht. Trotzdem gibt es Bereiche auf dem Fußballfeld, aus denen mehr Tore erzielt werden als aus anderen Bereichen. Dieser torgefährliche Raum liegt zentral vor dem Tor im Abstand von ca. acht bis 15 Metern rund um den Elfmeterpunkt. Zu nah darf der Schütze dem Tor nicht sein, da die Wirkung des Torwarts zu stark ist. Selbst vom Elfmeterpunkt aus gibt es keine Torgarantie. Im Basketball ist diese torgefährliche Zone nur temporär zu betreten. Wer nicht den Ball bekommt, muss sie wieder verlassen. Wie gelangt nun ein Spieler in diesen torgefährlichen Raum und vor allem: Wie kommt der Ball dorthin? Dies ist zum einen eine Frage der Taktik, zum anderen der Spieler, die dies bewerkstelligen. Ein Pass, der darauf folgend zum Tor führt, wird als Assist bezeichnet. In einigen Sportarten wird der Assist neben dem Torerfolg statistisch mitgeführt, manchmal ist das gleichbedeutend mit einem Torerfolg. Assists geben Auskunft über die Mannschaftsdienlichkeit eines Spielers oder einer Mannschaft. Den Torschuss sollte derjenige durchführen, bei dem in der aktuellen Situation die größte Wahrscheinlichkeit des Erfolges besteht. Da sich dies in kurzer Zeit ändern kann, ist hohe Aufmerksamkeit gefragt, zumal die die Abseitsregel erschwert. Spieler, die diesen »tödlichen Pass« spielen können, werden meist auf zentralen Positionen eingesetzt, da sie von hier sowohl für ihre Laufwege als für ihre Passwege eine Vielzahl von Optionen haben. Pässe in die Tiefe sind besonders gefragt, da sie Gegenspieler überwinden beziehungsweise durch Abwehrorganisationsformen gelangen. Pässe in die Breite überwinden den Gegner nur indirekt, da über außen versucht wird, die Abwehrformation zu überwinden, um in Richtung Tor zu spielen. Im Ergebnis kommt es zu Flanken oder seitlichen Pässen vor dem Tor, welche gefährlich sind, da die

Abwehr von zwei Seiten bedroht wird. Der Zusammenhang zwischen Taktik und deren Ziel am Ende, nämlich Tore zu erzielen, sollte im Training Beachtung finden. Der letzte Pass vor dem Torerfolg spielt eine herausragende Rolle und muss trainiert werden.

VERWEISE:
→ Taktik **(46)**
→ Teambuilding **(67)**
→ Konter **(80)**

86 Gesundheit

Fußball hat einen hohen Gesundheitsfaktor.

»Gesundheit« ist ein Zustand des vollständigen körperlichen, geistigen und sozialen Wohlergehens und nicht nur das Fehlen von Krankheit oder Gebrechen. Das entspricht der Definition der Weltgesundheitsorganisation WHO. Gesundheit ist ein aktiver Prozess, welcher durch Risikofaktoren negativ beeinflusst wird. Fußball spielen kann in erster Linie als Schutzfaktor für die Erhaltung der Gesundheit betrachtet werden, da es zu einem intensiven Training von Ausdauereigenschaften beiträgt. Da Bewegungsmangel laut WHO die häufigste Ursache für Erkrankungen der Herzkranzgefäße darstellt, empfiehlt die FIFA, dreimal wöchentlich eine Stunde Fußball zu spielen, um körperlich und geistig fit zu bleiben. Fußball bietet im Vergleich zu vielen anderen gesundheitsrelevanten Sportarten einen enormen Vorteil. Mit Spaß am Spiel kann beim Fußball Bewegung erlebt und ausgelebt werden. Da diese psychosozialen Faktoren langfristig Begeisterung für Bewegung fördern können, wird mit Fußball optimal dem Bewegungsmangel vorbeugt.

Für den Fußballspieler ist Gesundheit sein höchstes Gut, ohne die er keine Leistung erbringen kann. Häufig ist im Fußball die Gesundheit beeinträchtigt. Ob durch eine Krankheit oder eine Sportverletzung: Das spielt keine entscheidende Rolle. Wichtig ist die rechtzeitige, richtige Behandlung und Genesung, bevor der Fußball wieder ausgeübt wird. Vor allem durch die physiotherapeutische Behandlung können Sportverletzungen besser und schneller heilen. Gesundheitliche Gefahren können im Fußball durch den Körperkontakt zu anderen Spieler auftreten, was eher im professionellen Bereich stattfindet. Andere Verletzungen sind auf unzureichende Erwärmung, fehlende körperliche Vorbereitung und Ermüdung zurückzuführen. Um die Gesundheit zu schützen, sind der ärztliche Check-up und sind Schienbeinschoner in Training und Spiel als Schutzausrüstung zu empfehlen.

VERWEISE:
→ Kondition **(47)**
→ Spaß **(16)**
→ Krankheit **(87)**
→ Sportverletzung **(94)**
→ Physiotherapie **(98)**
→ Stretching **(56)**

Krankheit

Bei den ersten Anzeichen einer Erkrankung eine Trainingspause einlegen.

Krankheit ist die Störung der Funktion eines Organs, der Psyche oder des gesamten Organismus. Krankheit wird oft als Gegenstück zu Gesundheit definiert, wobei die Übergänge fließend sind und unterschiedlich empfunden werden. Fußball kann sowohl positive als negative Auswirkungen auf bestehende Krankheiten haben. Positive Wirkungen sind zu erwarten bei Krankheiten wie: Asthma, Bluthochdruck, Diabetes mellitus, Depression, Übergewicht, Venenleiden, Übergewicht oder periphere Gefäßerkrankungen. Kontraindikationen für Fußball sind hingegen Erkältungen, Fieber, Gliederschmerzen, bronchiale Infekte, Entzündungen und nicht ausgeheilte Sportverletzungen. Besonders das Ausüben von Fußball bei Infekten, die mit Fieber einhergehen, sollte vor allem bei Kindern eine Sportpause eingehalten werden, um langfristige Risiken zu verhindern. Auslöser des Fiebers sind meist Bakterien oder Viren, welche der Körper unter erhöhter Körpertemperatur bekämpft. Kinder haben höheres Fieber als Erwachsene und erholen sich danach schneller wieder. Jede Infektion ist für den Körper eine Stresssituation und aktiviert das Immunsystem die Eindringlinge abzuwehren. Während Training im aeroben prinzipiell unser Immunsystem stärkt, schwächen anaerobe, intensive Belastungen unser Immunsystem, und wir werden noch anfälliger. Bei leichtem Schnupfen oder Husten ohne Fieber besteht kein Grund, nicht zu trainieren. Das beste Verhalten bei einer Erkrankung ist hier noch die Trainingspause, da ein geschwächter Körper ohnehin keine positiven Trainingsanpassungen produzieren kann. Je nach Intensität der Erkrankung und Einnahme von Medikamenten ist danach noch eine Trainingspause von mindestens 2 Tagen einzuhalten, um einen Rückfall zu verhindern. Es ist auf jeden Fall sinnvoll, bei leichten Anzeichen einer Erkrankung mit dem Training auszusetzen, als hinterher eine längere Pause einlegen zu müssen, die sicherlich einem Leistungsrückgang führt.

VERWEISE:
→ Gesundheit **(86)**
→ Physiotherapie **(98)**
→ Regeneration **(92)**
→ Open Window-Phänomen **(89)**
→ Immunsystem **(90)**

88 Überlastung

Überlastungsbeschwerden

Ein Mensch ist keine Maschine. Menschliche Anpassungserscheinungen finden in der Zeit zwischen den Trainingseinheiten statt. Verschiedene Systeme brauchen unterschiedlich lange Zeiten zur Anpassung. Training selbst ist eher das absichtliche Zerstören von Energiepotenzialen. Sind die Belastung und die Pause nicht optimal geplant, besteht die Gefahr der Überlastung. Diese Überlastung kann verschiedene anpassungsfähige Systeme des menschlichen Organismus betreffen und birgt ein vergrößertes gesundheitliches Risiko. Im Fußballsport ist die Gefahr der Überlastung vor allem in der Vorbereitungsphase besonders hoch.

Häufig wird in dieser Phase kaum beachtet, dass die Strukturen des passiven Bewegungsapparates wie Knorpel, Sehnen, Bänder und Knochen eine etwa dreimal längere Zeit zur strukturellen Anpassung an die Belastung brauchen als der aktive Bewegungsapparat, die Muskulatur benötigen, weil sie als Bindegewebsstrukturen schlecht durchblutet sind. Die Folge sind Fehlbelastungen und Verletzungen. Dies betrifft vor allem Amateurmannschaften, die ansonsten keinen so hohen Trainingsumfang absolvieren und versuchen, in der Vorbereitungsphase möglichst hart zu trainieren. In den orthopädischen Praxen sind inzwischen fast drei Viertel der Patienten zur Behandlung von Über- oder Fehlbelastungen des passiven Bewegungsapparates dort. Eine Ursache dafür ist die unzureichende Stabilität der Sportler im Bereich des Rumpfes (Core Stability), die mit funktionellem Training erreicht werden könnte. Insgesamt muss bei jeder Art von Belastung die entsprechende Regenerationszeit mit in den Trainingsplan integriert werden, um Überlastungen oder ein Übertraining zu verhindern. Physiotherapeutische Maßnahmen können hier unterstützend und präventiv wirken. Dabei müssen Methoden der Regeneration und eine entsprechende Versorgung mit Trinken und Essen sichergestellt sein. In einer Phase der Überlastung droht eine erhöhte Infektanfälligkeit, die das Open Window Phänomen beschreibt.

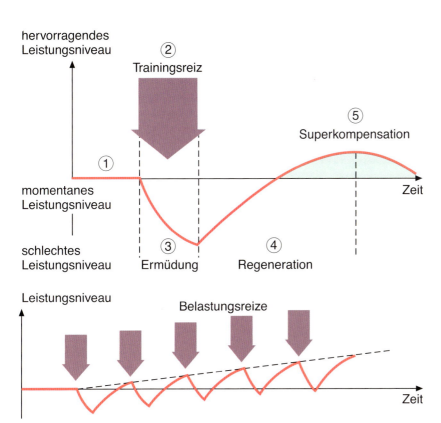

Prinzip der Superkompensation

VERWEISE:
→ Regeneration **(92)**
→ Open Window-Phänomen **(89)**
→ Physiotherapie **(98)**

Open Window-Phänomen

Die Infektanfälligkeit ist nach sportlicher Belastung erhöht.

Eng verbunden mit dem Thema der Überlastung ist das »Open Window«-Phänomen. Es handelt sich um einen Begriff der Psychoneuroimmunologie und beschreibt die Infektanfälligkeit unseres Immunsystems nach sportlicher Belastung. Es gilt als wissenschaftlich bewiesen, dass in der sensiblen Phase nach intensiver sportlicher Belastung häufiger Infekte diese immunologische Lücke nutzen und Sportler hier vermehrt unter Infekten leiden. Dabei handelt es sich hauptsächlich um grippale Infekte und deren Begleiterscheinungen, Infektionen der Harnwege oder des Magen Darmtrakts.

Mittels Labordiagnostik lässt sich dieses erhöhte Risiko erkennen, indem unter Belastung die Zahl von Blutbestandteilen, die für die Infektabwehr wichtig sind zuerst ansteigt, um nach der Belastung steil abzufallen. Hier öffnet sich »das Fenster« und Krankheitserreger haben leichtes Spiel. Diese Dynamik entsteht vor allem nach häufigen körperlichen und psychischen Belastungen, wie sie im Fußball in der Vorbereitungsphase und in englischen Wochen der Fall ist. Vor allem in diesen Phasen hoher Belastung muss der Regeneration und Entspannung besonders Rechnung getragen werden, was bei negativen Spielergebnissen nicht einfach ist. Da es sich um eine Regulation handelt, bei der die psychische Ermüdung eine große Rolle spielt, sollten die Faktoren Spaß und Entspannung nach Wettkämpfen beachtet werden. Im höheren Leistungsbereich ermöglicht erst eine individuelle Labordiagnostik die Bewertung des Fitnesszustandes der Spieler. Durch gezielte Maßnahmen entwickelt der Organismus eine stärkere Stressresistenz und das Open Window kann verkürzt werden. Natürlich spielt der aktuelle Fitnesszustand eine große Rolle bei diesem Phänomen. Ohne ausreichenden Fitnesszustand wird jede intensive sportliche Belastung ein größeres Open Window provozieren. Dies kann den Kader beträchtlich reduzieren, zumal sich die Spieler in Bus oder Kabine gegenseitig anstecken.

VERWEISE:
→ Regeneration **(92)**
→ Krankheit **(87)**
→ Überlastung **(88)**

Immunsystem

Fußballtraining kann positive und negative Einflüsse auf das Immunsystem der Spieler haben.

Mit »Immunsystem« wird unser körpereigenes Abwehrsystem gegen Krankheitserreger bezeichnet. In den Körper eingedrungene Mikroorganismen und fremde Substanzen werden durch unser Immunsystem entfernt und fehlerhaft gewordene körpereigene Zellen zerstört. Zur Wirkung des Immunsystems tragen in einem komplexen Netzwerk verschieden Organe, Zelltypen und Moleküle bei.

So existieren mechanische und physiologische Barrieren wie Schleimhäute, Flimmerhärchen, die das Eindringen von Fremdkörpern verhindern sollen. Dann gibt es spezialisierte Zellen wie zum Beispiel Granulozyten, die Fremdgewebe zerstören können. Aber der natürliche Stress kann als psychischer Immunfaktor registriert werden.

Ein gesundes und kräftiges Immunsystem hilft dem Menschen, mit vielen Krankheitserregern fertig zu werden – ohne daran zu erkranken oder den Krankheitsverlauf zu mildern.

Wichtige Voraussetzungen für ein gutes Immunsystem sind eine ausgewogene Ernährung, ausreichende Schlafzeiten und ein normales Maß an Stress.

Als Maßnahmen auf körperlicher Ebene, das Immunsystem zu stärken beziehungsweise zu stabilisieren, gelten das regelmäßige Bewegen, die besonders ausdauerorientierte Bewegung sowie ausreichend Sonnenlicht. Saunabesuche sowie Abhärtungsrituale wie Kneippgüsse tragen einer guten Infektabwehr positiv bei. Auf psychotherapeutischer Ebene gelten Stressreduktionsmechanismen wie Entspannungsverfahren als förderlich.

Das Immunsystem lässt in seiner Wirkung mit dem Alter nach. Ebenso sind chronische Erkrankungen und medikamentöse Immunsuppressionen, eine Unterversorgung mit Mikronährstoffen, die Aufnahme von Umweltgiften, chronischer Stress und Bewegungsmangel beeinträchtigende Faktoren.

Die Mechanismen des Immunsystems und seine Beeinträchtigungen werden dem Fußballtrainer täglich vor Augen geführt. Nicht nur

Sportverletzungen oder Überbelastung zwingen die Spieler zur Trainingspause. Viele Erkrankungen, ebenso positive Leistungen sind assoziiert mit dem Immunsystem, und dieses kann vom Trainer durch die Trainingsarbeit mit beeinflusst werden: positiv durch ausdauerbelastende Trainingsinhalte, negativ durch überlastende Trainingsarbeit ohne Regeneration. Der Trainer sollte ein gutes Fingerspitzengefühl für seine Spieler haben und häufig individuell in der Trainingsarbeit oder im Zuspruch individuell entscheiden. Denn nur ein gesunder Spieler mit einem funktionierenden Immunsystem kann dauerhaft gute Leistungen bringen.

VERWEISE:
→ Open Window-Phänomen **(89)**
→ Ernährung **(95)**
→ Nahrungsergänzung **(96)**
→ Stress **(91)**
→ Sportverletzung **(94)**
→ Überlastung **(88)**
→ Regeneration **(92)**

91 Stress

Stress und seine Reaktionen sind individuell verschieden und können trainiert werden.

Der Begriff Stress ist aus der Physik übernommen worden, um »unspezifische Reaktionen des Körpers auf jegliche Anforderung« zu bezeichnen. Mit Stress reagiert der menschliche Körper auf Druck, Spannung oder Veränderungen. Dabei ist die äußere, objektive Belastung zu unterscheiden von der individuellen, subjektiven Beanspruchung. Im professionellen Bereich sind die Anforderungen stark angewachsen. Die auslösenden Faktoren und die daraus resultierenden Reaktionen auf Seite des Menschen können vielfältig sein. Im Fußball kann durch verschiedene Situationen Stress für alle Beteiligten entstehen. Eine Nichtberücksichtigung bei der Aufstellung, ein nicht geahndetes Foulspiel oder ein zu Unrecht gegebenes Tor können einen oder mehrere Spieler in eine Stresssituation bringen. Kennzeichen solcher Situationen sind das Gefühl, nicht mehr in der Lage zu sein, die Situation zu beeinflussen oder rückgängig zu machen. Stress kann positiv und negativ sein. So kann vor dem Spiel die Situation als motivierend und leistungssteigernd und nach dem Spiel bei einem negativen Ausgang das Ergebnis als negativ empfunden werden. Oft muss die konkrete Situation gar nicht erst eintreten, sondern die bloße Vorstellung eines Ereignisses ruft schon Stressreaktionen hervor. Diese Reaktionen sind subjektiv. Ein Elfmeterpfiff kann bei einem Spieler starken Stress, bei einem anderen gar keinen Stress und wieder bei einem anderen positiven Stress auslösen: je nachdem, zu welcher Mannschaft er gehört und wie stark er emotional beteiligt ist. Für den Fußball ist vor allem die Stressreaktion mit dem Ausstoß von Adrenalin besonders wichtig. Erst diese versetzt ihn in die Bereitschaft, mit höherem Muskeltonus eine Zweikampfsportart wie Fußball im Wettkampf erfolgreich auszuführen. Bei der Regeneration nach dem Spiel ist es besonders wichtig, dieses Level an Hormonen wieder zu regulieren und gegenteilige, dämpfende hormonelle Reaktionen hervorzurufen. Stress kann im Training gezielt trainiert werden, um die Spieler von äußeren objektiven Faktoren unabhängiger zu machen. Simuliert werden können die hohe körperliche Belastung, eine falsche Schiedsrichterentscheidung, die Benachteiligung einer Mannschaft oder ungeahndete Regelverstöße: alles Bedingungen, die in einem Wettkampfspiel Stress erzeugen können. Ziel ist es, die Spieler körperlich resistenter gegen Stresssituationen werden zu lassen. Körperliche Fitness ist dafür unabdingbare Voraussetzung.

VERWEISE:
→ Regeneration **(92)**
→ Selbstvertrauen **(19)**
→ Angst **(20)**
→ Motivation **(17)**
→ Ansprache **(69)**
→ Entspannung **(93)**

92 Regeneration

Der Trainingseffekt baut sich in der Regenerationsphase auf, diese muss geplant werden.

Mit Regeneration wird die Zeitspanne der physischen und psychischen Erholung bezeichnet, die sich an eine Trainingseinheit oder einen Wettkampf anschließt. Innerhalb eines Trainingsplanes spielt die Regeneration eine wichtige Rolle, da hier der Trainingseffekt im Sinne der Superkompensation aufgebaut wird. Die Regeneration dient der Steigerung der körperlichen Leistungsfähigkeit und der besseren Toleranz gegenüber der Belastung. In der Regenerationsphase ruht der Körper. Er kann leicht bewegt werden. Zusätzlich tragen physikalische Anwendungen der besseren Regeneration bei. Neben Ruhephasen können leichte körperliche Bewegungen und physikalische Anwendungen wie Massagen Anwendung finden. Die optimal schnelle körperliche Regeneration kann nur erfolgen, wenn neben ausreichender Flüssigkeitszufuhr und Ernährung die Nahrungsbestandteile optimal auf die vorherige Beanspruchung und deren Ausgleich abgestimmt sind. Muskelzuwachs kann in der Regenerationsphase stattfinden, wenn ausreichend Eiweißbestandteile in der Nahrung vorhanden sind.

Bei fehlender oder unzureichend langer Regeneration kommt es zur Stagnation oder zum Abfall der gewünschten Leistung. Dies wird als Übertraining bezeichnet.

Im Rahmen eines Trainingsplanes, der sich am Wettkampfkalender orientiert, plant der Trainer den optimalen Wechsel zwischen Belastung und Regeneration.

Die Dauer der Regenerationsphase hängt von der Art und Dauer der vorherigen Belastung und dem Trainingszustand des Spielers ab. Nach Wettkämpfen sollte in der Regel etwas länger regeneriert werden, da hier neben der körperlichen Belastung die hohe psychische Belastung zu kompensieren ist.

Im höheren Leistungsbereich ist ein annähernd tägliches Training zum Teil mit zwei Einheiten pro Tag möglich, muss aber detaillierter geplant werden. Im Fußball wird im höchsten Leistungsbereich nicht so häufig trainiert, da die Belastung und Regeneration individueller geplant und diagnostisch überwacht werden müsste. Einige europäische Spitzenvereine tendieren mit ihren Trainingszentren eindeutig zur höheren individualisierter Trainingshäufigkeit wie im Spitzensport allgemein üblich.

VERWEISE:
→ Ernährung **(95)**
→ Ausdauer **(51)**
→ Kraft **(48)**
→ Aufwärmen **(55)**
→ Sportverletzung **(94)**
→ Entspannung **(93)**
→ Gesundheit **(86)**

93 Entspannung

Entspannung ist so individuell wie Stress.

Mit Entspannung wird eine Methode bezeichnet, die mittels Entspannungsverfahren versucht, Stress und Anspannung auf körperlicher und seelischer Ebene zu reduzieren. Die Entspannung steht dem Stress gegenüber. Bei der Entspannung wird eine Entspannungsreaktion ausgelöst, die der Regeneration dient. Die Wirkmechanismen sind ähnlich wie bei der Stressreaktion individuell verschieden. Körperliche Entspannung nach einem Wettkampf oder Training kann durch Physiotherapie, leichtes Training und Ruhe positiv beeinflusst werden. Psychische Entspannung ist mit der körperlichen eng verknüpft. Sie kann diese überlagern. Es sind gezielte Entspannungsverfahren gefragt, die zur Anwendung kommen können. Die Verfahren bedürfen des regelmäßigen Übens, um zum Erfolg zu kommen. Dazu gehören die progressive Muskelrelaxation und das Autogene Training. Beide Verfahren erweitern das Bewusstsein um den Zusammenhang von körperlichen Empfindungen und Bewusstseinsinhalten. Entspannung steht im engen Zusammenhang von Wohlbefinden, Zufriedenheit und Gesundheit.

Für den Fußball ist Entspannung von besonderer Bedeutung, da das Wettkampfspiel ein hohes Maß an Stress verursachen kann und Entspannung gezielt geplant werden muss. Es herrscht ein enger Zusammenhang zwischen Regeneration, Entspannung, Gesundheit und körperlicher Leistungsfähigkeit. Vor allem nach dem Wettkampfspiel und in englischen Wochen sollten entspannende Elemente integriert werden. Diese können in Form von Bewegung stattfinden. Langsam entspannende, regenerative Läufe oder traditionelle Übungsformen wie Taijiquan oder Qigong können hier Anwendung finden. Da die Entspannungsreaktion so individuell wie die Stressreaktion stattfindet, sollten mehrere Möglichkeiten angeboten werden. Klassische Formen der Entspannung im Fußball sind ein Entmüdungsbecken und Sauna. Der Genuss von Alkohol oder das ausgiebige Feiern sind als selbst gewählte Form der psychischen Entspannung zu interpretieren, langfristig nicht zu empfehlen.

VERWEISE:
→ Regeneration **(92)**
→ Physiotherapie **(98)**
→ Stress **(91)**

94 Sportverletzung

Sportverletzungen treten meistens durch unzureichende Fitness und zu hohes Risiko auf.

Im Fußball sind Sportverletzungen anzutreffen wie in jedem anderen Sport auch. Die Gründe dafür sind leicht auszumachen. Zum einen handelt es sich um ein Zweikampfspiel, bei dem der Körperkontakt erlaubt und Teil der Technik ist. Zum anderen ist die körperliche Fitness für diese hohe Intensität der Wettkampfführung gar nicht vorhanden oder lässt im Verlauf des Spieles nach. Manchmal sind widrige Wetter- oder Bodenbedingungen beteiligt. Um Verletzungen der Unterschenkel zu vermeiden, sind Schienbeinschoner vorgeschrieben. Weitere Schutzvorrichtungen wie Tiefschutz, Zahnschutz oder Kopfschutz sind je nach Vorschädigung der Spieler erlaubt. Durchschnittlich kommen im Fußball im Wettkampfspiel etwa 30 Verletzungen pro 1000 Spielstunden vor. Im Training reduziert sich diese Zahl deutlich auf sechs Verletzungen pro 1000 Trainingsstunden. Dabei sind die unteren Extremitäten deutlich stärker betroffen. Die häufigsten Verletzungen ereignen sich zum Ende der beiden Halbzeiten, was einen Rückschluss auf die Bedeutung der körperlichen Fitness zulässt. Während der FIFA-Fußballweltmeisterschaft Deutschland 2006 wurden durchschnittlich 2,3 Verletzungen pro Spiel gemeldet, also eine weitaus höhere Quote. Im professionellen Bereich der Weltspitze kommen etwa 85 Prozent der Verletzungen durch direkten Körperkontakt mit dem Gegner zustande. Auf Foulspiel wurde nur zu ca. 50 Prozent entschieden. Die Schiedsrichter und die zugrunde liegenden Regeln nehmen einen wichtigen Faktor zur Reduzierung von Verletzungen durch den Gegner ein. Im Amateurbereich treten etwa 70 Prozent der Verletzungen ohne Gegnerkontakt und Kampf um den Ball auf. Dies könnte durch geeignete Trainingsmaßnahmen wie Koordinations- und Krafttraining minimiert werden. Neben den akuten Sportverletzungen spielen die Überlastungsbeschwerden eine größer werdende Rolle. Die Ursachen dafür sind vielfältig, von zu hoher oder einseitiger Trainingsbelastung bis zu muskulären Dysbalancen, denen physiotherapeutisch begegnet werden sollte.

Prävention statt Rehabilitation – Fußballer sollten auf ihr Risiko achten.

VERWEISE:
→ Kondition **(47)**
→ Schiedsrichter **(79)**
→ Spielregeln **(78)**
→ Prävention **(99)**

95 Ernährung

Ernährung ist die energetische Basis für den gewünschten Trainingseffekt.

Unter menschlicher »Ernährung« versteht man die Versorgung von Menschen mit Nahrung in Form von Nahrungsmitteln und Genussmitteln. Sie ist eine Voraussetzung für die Lebenserhaltung jedes Lebewesens und Grundvoraussetzung zum Hervorbringen bestimmter Leistungen in verschiedenen Lebenslagen. Lebensmittel sind nahrhafte Stoffe und Produkte, die zur besseren Haltbarmachung vor dem Verzehr verarbeitet werden. Sie dienen der Ernährung sowie dem Genuss und schließen Nahrungsmittel, Genussmittel und Nahrungsergänzungsmittel mit ein.

Die Grundnahrungsmittel stellen mengenmäßig den Hauptbestandteil der menschlichen Ernährung dar, sichern die Grundversorgung mit Kohlenhydraten, Eiweiß und Fett, den Hauptbestandteilen der Nahrungsmittel. Eine ausreichende Versorgung mit Vitaminen und Spurenelementen, vor allem für Fußballer, kann nicht sichergestellt werden.

Lebensmittel, die nicht in erster Linie wegen ihres Nährwertes und zur Sättigung konsumiert werden, sondern wegen ihrer anregenden Wirkung durch psychotrope Substanzen und ihres Geschmacks, sind Genussmittel. Als Genussmittel gelten Alkohol, Kaffee, Tee, Kakao, Tabak, Schokolade, Zucker und Gewürze.

Eine körperliche Leistung und der danach erhoffte Trainingseffekt können vom Körper in der Trainingspause nur bewerkstelligt werden, wenn er ausreichend mit entsprechenden Nährstoffen versorgt wird. Wer besonders hohe Leistungen erbringen will, muss an seine besondere Ernährung denken. Häufig wird im Fußball über Nahrungsergänzungsmittel eine zusätzliche Option erschlossen. Eine Ernährung ist als gesund zu bezeichnen, wenn sie in der Menge, in der Qualität und in der Zusammensetzung dem entspricht, was der Körper benötigt. Dabei sind gewisse individuelle Dispositionen wie Allergien und Stoffwechselbesonderheiten zu berücksichtigen. Ernährung steht in engem Zusammenhang zur Bewegung und zum Körpergewicht, gehört also mit zu den Faktoren, die der Trainer versucht, im Auge zu behalten, damit sein Training entsprechende Früchte trägt.

VERWEISE:
→ Nahrungsergänzung **(96)**
→ Trainingsplanung **(42)**
→ Trinken **(97)**

Nahrungsergänzung

Nahrungsergänzung ist nur bei Unterversorgung nötig.

Nahrungsergänzungsmittel sind Präparate, die dem menschlichen Stoffwechsel eine erhöhte Versorgung mit bestimmten Nährstoffen zur Verfügung stellen. Sie werden zusätzlich zur normalen Ernährung in Form von Tabletten, Kapseln, Ampullen oder Pulvern eingenommen. Unklar ist den meisten Menschen, dass sie sich im Grenzbereich zwischen Arzneimitteln und Lebensmitteln bewegen. Häufig genommene Nahrungsergänzungsmittel sind Multivitaminpräparate, Mineralstoffe aller Art wie Zink, Magnesium oder Eisen. Weitere gängige Mittel sind Aminosäuren, Enzyme und Ballaststoffpräparate. Allen Produkten wird im menschlichen Stoffwechsel an speziellen Stellen besondere Bedeutung und Wirkung zugemessen, und die Einnahme erfolgt häufig nach dem Prinzip, je mehr desto besser. Nahrungsergänzungsmittel dürfen nach deutschem Recht keinen therapeutischen Nutzen erfüllen. Dafür gibt es spezielle Arzneimittel, die auf ärztliche Anordnung bei entsprechender Indikation verschrieben werden können. Eine internationale Klassifizierung der Nahrungsergänzungspräparate ist noch nicht entstanden, sodass mit unwissender und willkürlicher Einnahme Risiken entstehen könnten. Das Bundesinstitut für Risikobewertung hält Nahrungsergänzungsmittel für gesunde Personen, die sich normal ernähren, für überflüssig. Inwiefern sich gesunde Menschen normal ernähren, bleibt offen. Für bestimmte Zielgruppen mit erhöhtem Bedarf, dazu zählen Fußballer und Sportler allgemein auch, sind einige Nahrungsergänzungen sicher sinnvoll, sofern sie nicht über die gezielte Ernährung bereitgestellt werden können. Bei Fußballern in Phasen hoher Belastung wie der Vorbereitung ist dies sicher sinnvoll und wird im professionellen Bereich gezielt genutzt. Da sich in unserem Stoffwechsel schätzungsweise bis zu 10 000 Einzelstoffe tummeln, deren Einzelwirkung und im Komplex mit anderen noch nicht wissenschaftlich geklärt ist, bleibt die Anwendung Entscheidung desjenigen, der die Präparate zu sich nimmt.

VERWEISE:
→ Ernährung **(95)**
→ Trinken **(97)**
→ Doping **(9)**
→ Gesundheit **(86)**

97 Trinken

Die Unterversorgung mit Flüssigkeit ist dringend zu vermeiden.

Jeder Mensch hat entsprechend seiner Konstitution und seines Aktivitätslevels einen Grundbedarf an Flüssigkeit, um alle stoffwechselphysiologischen Prozesse am Laufen zu halten. Die zu empfehlende Trinkmenge kann stark variieren. Heiße Temperaturen, hohe körperliche Aktivität, starkes Schwitzen oder Flüssigkeitsverlust durch Erkrankungen können die Trinkmenge drastisch erhöhen. Die von der deutschen Gesellschaft für Ernährung empfohlene Trinkmenge von 1,5 Litern pro Tag für Erwachsene kann deshalb nur als grober Anhaltspunkt gelten.

Normalgewichtige Menschen haben nach Angaben der WHO (World Health Organisation) einen Körperwasseranteil von circa 50 bis 55 Prozent bei Frauen und 60 bis 65 Prozent bei Männern. Sportler haben durch einen höheren Anteil an Muskelmasse einen geringfügig höheren Körperwasseranteil als Nichtsportler mit weniger Muskel-

Durst ist kein Gradmesser – regelmäßiges Trinken kann erlernt werden.

masse. Bei sinkendem Körperwasseranteil lässt die körperliche Leistungsfähigkeit nach. Erst Anzeichen sind Müdigkeit, Konzentrationsschwäche und Kopfschmerzen. Das individuelle Durstgefühl ist kein Gradmesser, wann und wie viel Flüssigkeit aufgenommen werden sollte. Ein besserer Indikator ist die Farbe des eigenen Urins. Eine blass gelbe Färbung ist normal, dunklere Färbungen und stärkere Konzentration deuten auf Wassermangel hin.

Im Verlauf eines Wettkampfspiels können mehrere Liter an Flüssigkeit verlorengehen. Würde der Spieler diesen Verlust nicht rechtzeitig mit Trinken kompensieren, wäre ein deutlicher Leistungseinbruch die Folge. Flüssigkeitsverluste von bis zu zwei Prozent können die körperliche Leistungsfähigkeit um bis zu 20 Prozent mindern. Um eine rasche Flüssigkeitsaufnahme in den Stoffwechsel zu gewährleisten, sind isotonische Getränke zu bevorzugen. Sollte ausreichend Zeit zur Verfügung stehen – wie vor einem Spiel –, kann Wasser die gleiche Funktion in Bezug auf den reinen Flüssigkeitsverlust erfüllen. Die durch den Schweiß verlorenen Mineralstoffe sind bei geringen Schwitzmengen zu vernachlässigen, da der Schweiß zu 99 Prozent aus Wasser besteht. Bei größeren Flüssigkeitsverlusten durch Schweiß sollten nicht nur Wasser, sondern mit Mineralien angereicherte Mineralwasser oder Mischgetränke konsumiert werden.

VERWEISE:
→ Ernährung **(95)**
→ Nahrungsergänzung **(96)**
→ Gesundheit **(86)**

Physiotherapie

Ein Physiotherapeut kann einen Spieler schneller wieder fit machen.

Physiotherapie hat das Ziel, maximale Bewegung und funktionelle Fähigkeiten des menschlichen Körpers über die gesamte Lebensspanne zu erhalten und gegebenenfalls wiederherzustellen. Im Bereich des Fußballs nimmt sie eine besondere Rolle ein, da durch Sportverletzungen, Überlastungsbeschwerden oder Operationen häufig funktionelle Beeinträchtigungen vorkommen. Funktionelle Bewegung ist ein zentraler Bestandteil von Gesundheit. Dementsprechend sind physiotherapeutische Maßnahmen gesundheitsfördernde Maßnahmen. Physiotherapeuten nutzen dazu vor allem manuelle Tätigkeiten wie vielfältige Massagetechniken und die Anwendung physikalischer Reize wie Wärme, Kälte, Strom, Druck und Strahlung. Alle Maßnahmen zielen darauf ab, natürliche, physiologische Anpassungen des Organismus wie Muskelaufbau und Stoffwechselaktivierung zu fördern. Die Techniken und Anwendungen variieren je nach Qualifikation und Erfahrung des Physiotherapeuten.

Die meisten Fußballmannschaften nutzen in irgendeiner Form physiotherapeutische Unterstützung in Training oder Spiel. Klassisches Beispiel ist das Anlegen eines Tapeverbandes am Sprunggelenk, um dieses zu stabilisieren und vor Verletzungen zu schützen. Modern geworden ist das Ankleben von Kinesio-Tapeverbänden auf der Haut. Ziel ist die Verbesserung der Muskelfunktion, die Schmerzreduzierung, die Unterstützung der Gelenkfunktion und die Aktivierung des Lymphsystems. Ein guter Physiotherapeut integriert in sein Therapiekonzept neben anatomischen und physiologischen Gesichtspunkten kognitive und motivationale Aspekte für den Sportler und kann für den Trainer eine große Unterstützung sein, um verletzte Spieler wieder schneller in das Team zu integrieren. Dies ist vor allem nach Operationen der Fall, nach denen der Fußballer oft das Vertrauen in den eignen Körper verloren hat, da er bisher nicht gekannte Erfahrungen mit ihm gemacht hat.

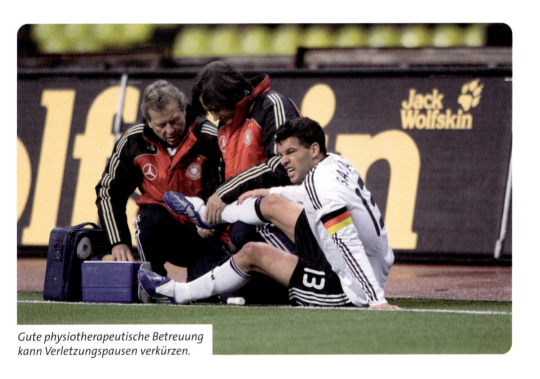
Gute physiotherapeutische Betreuung kann Verletzungspausen verkürzen.

VERWEISE:
→ Gesundheit **(86)**
→ Prävention **(99)**
→ Rehabilitation **(100)**
→ Sportverletzung **(94)**

99 Prävention

Prävention ruht auf vielen Säulen.

Prävention ist die Verhütung von Krankheiten und gesundheitlichen Schädigungen im Fußball. Darunter ist insbesondere das Vermeiden oder das erneute Auftreten von Sportverletzungen zu verstehen. Wichtige äußere Präventionsmaßnahmen sind die Spielregeln und die Sensibilisierung der Schiedsrichter, die auf die Einhaltung achten. So schreiben die Spielregeln vor, bestimmte Schutzausrüstung wie Schienbeinschoner zu tragen. Weiterhin sollen nach den Regeln das Spielfeld und der Spielball gewissen Kriterien genügen, um nicht die Gesundheit der Spieler zu riskieren. So darf laut Regel auf einem gefrorenen Platz kein Spiel stattfinden. Neben diesen äußeren Kriterien spielen weitere Faktoren eine große Rolle. Den besten Schutz vor Verletzungen bietet im Fußball eine der Spielklasse angepasste körperliche Fitness, um sowohl die konditionellen Belastungen über die gesamte Spielzeit als den Kontakt mit dem Gegner unbeschadet zu überstehen. Eine richtige Risikoeinschätzung beziehungsweise das richtige Timing im Zweikampfverhalten sind individuelle Qualitäten, die vor Verletzungen schützen, da das Verhalten des Gegners nur schwer einzuschätzen ist.

Vor einem Wettkampfspiel nimmt das ausreichende und spezifische Aufwärmen einen hohen präventiven Charakter ein. Nur ein aufgewärmter Organismus und ein dynamisch vorgedehnter Muskel werden in der Lage sein, den eigenen Körper zu schützen. Bei unzureichender Erwärmung, zu großer Ermüdung oder unter dem Einfluss von Doping oder Drogen sind vielfältige Schutzmechanismen, über die ein gesunder Körper verfügt, nicht ausreichend automatisch abrufbar. Der Fair Play-Gedanke trägt zur Prävention von Sportverletzungen bei, da er die absichtliche oder bewusst in Kauf genommene Verletzung eines Gegenspielers ausschließt. Ausreichende Regenerations- und Entspannungsmaßnahmen haben präventiven Charakter. Bei entsprechenden Vorschädigungen kann es angeraten sein, Gelenke mit Verbänden oder Tapes zu stabilisieren um Funktionen zu unterstützen und das Gelenk vor erneuter Verletzung zu schützen.

VERWEISE:
→ Doping **(9)**
→ Aufwärmen **(55)**
→ Stretching **(56)**
→ Physiotherapie **(98)**

100 Rehabilitation

Rehabilitation hat das Ziel der vollen Wiederherstellung der Leistungsfähigkeit nach Operationen.

Als Rehabilitation wird die Wiederherstellung des körperlichen, geistigen und seelischen Zustandes nach Verletzungen, Unfällen oder Krankheiten bezeichnet. Im Fußball findet die Rehabilitation meist nach Operationen statt: zuerst stationär im Krankenhaus, danach ambulant im Rehazentrum. Dabei können alle aus der Physiotherapie bekannten Behandlungsstrategien zum Einsatz kommen. Im weiteren Verlauf folgt die medizinische Trainingstherapie. Im Amateursport wird die Rehabilitation nach Verletzungen oder Operationen nicht konsequent zu Ende geführt. Dies kann verschiedene Gründe haben wie die Kostenübernahme, der Zeitaufwand, die Terminprobleme, der Berufsausfall, die unzureichende Betreuung und das fehlende Verständnis für die Funktion des Körpers. Für den Profisportler bedeutet Rehabilitation, wieder in den Zustand der Erwerbsfähigkeit zu kommen. Eine unzureichende Rehabilitation nach einer Fußballverletzung ist eine der wichtigsten Faktoren für eine erneute Verletzung. Deshalb sollte der Rehabilitation besondere Bedeutung zugemessen werden. In der Rehabilitation wird das operierte Körperteil langsam kontinuierlich mehr belastet. Ziel ist die alte sportliche Leistungsfähigkeit, in möglichst kurzer Zeit wieder zu erreichen. Da einige strukturelle Veränderungen der Muskeln und Gelenke Zeit benötigen, ist meist Geduld gefragt, bevor die funktionelle Beeinträchtigung wieder aufgearbeitet wurde. Die Frage des Tempos der Rehabilitation muss deshalb in enger Abstimmung zwischen Sportler, betreuendem Arzt und dem Physiotherapeuten entschieden werden. Vor allem dem Aufbau der Koordination und der Kraft sind besonderes Augenmerk zu schenken. Dazu werden propriozeptives und sensomotorisches Training mit erschwerenden Zusatzgeräten eingesetzt. Wenn das volle Bewegungsausmaß schmerzfrei und ohne koordinative Einschränkungen gegeben ist, kann der Spieler wieder eingesetzt. Je nach Verletzung, Heilungsverlauf und Komplikationen kann dies einige Wochen bis zu vielen Monaten dauern.